Collection «À v

Tangent

CW01662457

LE JEU DU DÉMINEUR

Conseils stratégiques
100 grilles à jouer

Bernard Novelli et Martin Rivière

Éditions POLE

© Editions POLE - Paris 2003 - I.S.B.N. 2-84884-001-3
Toute représentation, traduction, adaptation ou reproduction, même partielle, par tous procédés, en tous pays, faite sans autorisation préalable est illicite, et exposerait le contrevenant à des poursuites judiciaires.
Réf. : Loi du 11 mars 1957.

Collection «À vous de Jouer
Tangente-JEUX»

LE JEU DU DÉMINEUR

Conseils stratégiques
100 grilles à jouer

Bernard Novelli et Martin Rivière

Éditions POLE

Aux Éditions POLE

Collection «À vous de jouer Tangente-JEUX»

- Le jeu du Gratte-ciel — *B. Novelli, M. Rivière*
- Le jeu du Démineur — *B. Novelli, M. Rivière*
- Dominos à placer (automne 2003) — *B. Novelli, M. Rivière*
- Bataille Navale (hiver 2003) — *B. Novelli, M. Rivière*

Collection «À vous de jouer»

- 80 Additions mystères — *R. Bloch*
- 140 Défis logiques — *Spécial logique*
- 80 Tests de logique — *M. Chazot*
- 52 Semaines de défis mathématiques — *D. Souder, M. Launay*

Collection «À vous de jouer bridge»

- Tests d'enchères au bridge — P. Poizat
- Tests de jeu de la carte — P. Cronier, P. Poizat

AVANT-PROPOS

Le jeu du démineur est très populaire, sa version informatique se trouve sur (presque ?) tous les PC. La version papier est beaucoup plus intéressante car le temps n'est plus omniprésent et l'on peut raisonner sans stress. Dans la version informatique, le hasard joue un rôle non négligeable en début de partie puisque les indices se découvrent petit à petit : ceux que l'on possède ne permettent pas toujours de démarrer. Il y a plus grave : en fin de partie, certaines configurations ne permettent pas de conclure.

Ici, rien de tel, les problèmes proposés ont toujours une unique solution et les indices laissés dans la grille ont été judicieusement choisis pour permettre de tout déduire. Il s'agit donc d'un jeu de logique où l'on progresse petit à petit. Tous les indices sont utiles, mais pas au même moment et il faut savoir observer pour trouver celui qui va permettre de débloquer la situation.

Ce jeu conviendra aux enfants. Il leur permettra de développer leur sens de la logique et du raisonnement. Les adultes y trouveront aussi du plaisir en cherchant des grilles plus complexes et en y exerçant leur sagacité.

Presque toutes les grilles proposées dans cet ouvrage se résolvent par raisonnements successifs. À part les dernières, il n'est pas nécessaire de faire de supposition sur la position d'une mine.

TABLE DES MATIÈRES

La règle du jeu du démineur s'assimile en quelques instants mais c'est à ce moment que tout commence. Vous allez en découvrir petit à petit toutes les subtilités.

Le premier chapitre est consacré aux règles de déduction usuelles. Nous avons conçu une série de petits exercices illustrant chacune d'entre elles.

Le chapitre suivant décortique deux énoncés et vous guide pas à pas vers la solution.

Les chapitres suivants vous guideront progressivement jusqu'au niveau expert.

En fin d'ouvrage, deux variantes vous sont proposées :

- d'une part la cueillette des champignons, activité pacifique s'il en est,
- d'autre part la recherche du trésor.

Ces deux variantes renouvellent le plaisir de jouer en vous plaçant dans des situations inédites et vous permettent d'exercer votre sagacité dans d'autres domaines.

Des mines ont été placées sur un terrain, chaque case en contient une ou zéro.

À vous de les trouver !

Pour vous aider à déminer le terrain, certaines cases comportent une information : le nombre de cases minées parmi ses huit voisines (diagonales comprises). Les cases contenant ces nombres ne sont pas minées.

Tous les problèmes ont une solution unique.

N.B.
Nous recevons parfois des reproches à propos des aspects inhumains liés à la pose des mines. Aussi nous nous permettons de rappeler que le démineur n'est en rien responsable de la pose de mines, mais au contraire, nettoie au péril de sa vie, un terrain devenu dangereux par l'inconscience des autres. Jouer au démineur ne cautionne en rien la pose de mines dans les conflits actuels ou futurs.

LE LOGICIEL D'ACCOMPAGNEMENT

Vous trouverez sur le site **www.tangente-jeux.com** un logiciel qui vous permettra de jouer au démineur dans sa version papier... (ce qui peut paraître paradoxal !). En fait, vous remplacez simplement le papier et le crayon par le clic de la souris, le logiciel surveille ce que vous faites et vous indique les incompatibilités entre ce que vous placez et les indices.
Pour jouer, vous choisissez d'abord un problème du livre (ou de la revue Tangente-Jeux) puis vous indiquez un nombre de mines.
A l'aide des touches numériques et des flèches de déplacement, vous placez les indices dans la grille.
Lorsque vous êtes prêt, il ne vous reste plus qu'à jouer.
Un clic pour vider une case, deux clics pour y placer une mine, un troisième pour remettre la case à blanc.
Un bouton vous permet de reprendre des coups, ce qui est très pratique si vous faites une supposition et si vous arrivez à une impossibilité : vous pouvez revenir à l'endroit de votre supposition et reprendre le jeu à partir de cette position.
Lorsqu'un un indice est entièrement entouré de cases découvertes, il change de couleur : soit vert si le nombre de mines correspond à celui qui est indiqué, soit rouge s'il y a une erreur.
L'indice peut se mettre au rouge si le nombre de mines placées est trop grand ou s'il ne reste plus assez de cases libres pour atteindre la valeur de l'indices.

CHAPITRE 2

LES RÈGLES DE DÉDUCTION

Voici quelques exercices qui vont vous permettre de maîtriser la signification des indices et de voir ce que l'on peut en tirer.

Ces exercices permettent d'isoler les difficultés et de proposer des méthodes de résolution. Il ne s'agit pas encore de résoudre des problèmes de démineur complets et c'est pour cette raison que les grilles ne sont pas à compléter.

Vous aurez simplement à découvrir ce qui se trouve dans les cases marquées d'un point d'interrogation, les cases marquées d'une croix étant des cases où l'on sait qu'il n'y a pas de mine.

Les questions posées concernent soit des grilles entières soit des morceaux de grilles. Pour les distinguer, il vous suffit de regarder les bords du diagramme.

Les exercices 1 à 3 n'exploitent qu'un seul indice.

Les exercices 4 et 5 exploitent deux indices simultanément.

Les exercices 6 à 10 utilisent le nombre de mines.

Les exercices 11 à 13 utilisent l'unicité de la solution et exploitent la symétrie dans le rôle joué par certaines cases.

?	?	?	
?	8	?	
?	?	?	

1

Qu'y a-t-il dans les cases marquées d'un ?

2

Qu'y a-t-il dans les cases marquées d'un ?

?	?	?	
?	6	?	?
?	?	?	0
		?	?

	?	?	?
	?	2	?
	?	?	?
		?	3

3

Qu'y a-t-il dans les cases marquées d'un ?

CHAPITRE 2

4

Qu'y a-t-il dans les cases marquées d'un ?

1	3	?	
		?	
		?	
1	1	?	

5

Qu'y a-t-il dans les cases marquées d'un ?

?			?
?	2	4	?
?			X

6

Déterminez la position des mines sachant qu'il en reste deux à placer.

	2		
		2	

2		
		0

7

Déterminez la position des mines sachant qu'il en reste deux à placer.

8

Déterminez la position des mines sachant qu'il y en a quatre.

2		
		0

2		?	?
		?	?
?	?		
?	?		1

9

Qu'y a-t-il dans les cases marquées d'un ? sachant qu'il y a trois mines dans la grille ?

10

Qu'y a-t-il dans les cases marquées d'un ? sachant qu'il y a quatre mines dans la grille ?

			?
	3	?	
	?	3	
?			

11

Qu'y a-t-il dans les cases marquées d'un ? sachant qu'il y a cinq mines dans la grille. On rappelle que la solution est unique.

4				
?	?	?	?	

	?	?	?	
		5	?	
1				
		4		

12

Qu'y a-t-il dans les cases marquées d'un ?
On rappelle que la solution est unique.

13

Qu'y a-t-il dans les cases marquées d'un ?
On rappelle que la solution est unique.

		?		
	2	?	3	
		?		

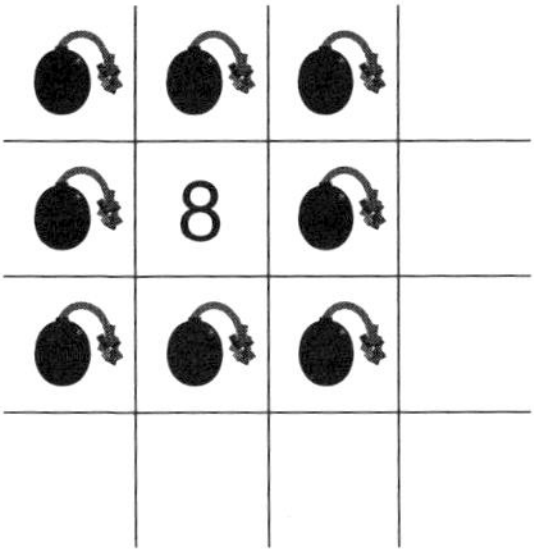

Solution 1

Comme il y a exactement huit cases autour de l'indice, ces huit cases contiennent une mine.

Règle du remplissage

Si le nombre de cases libres autour d'un indice est égal au nombre de mines restant à placer autour de cet indice, ces cases sont remplies par une mine.

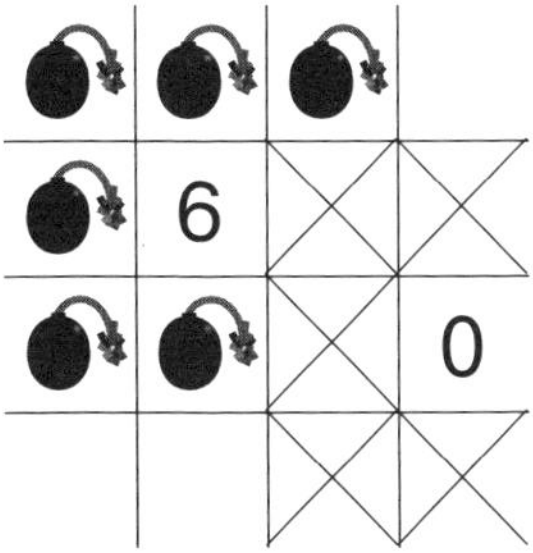

Solution 2

Autour du 0, il n'y a pas de mine. Autour du 6, il ne reste plus que six cases libres, ces six cases contiennent donc une mine.

Règle du zéro

Autour d'un indice 0, il n'y a aucune mine !

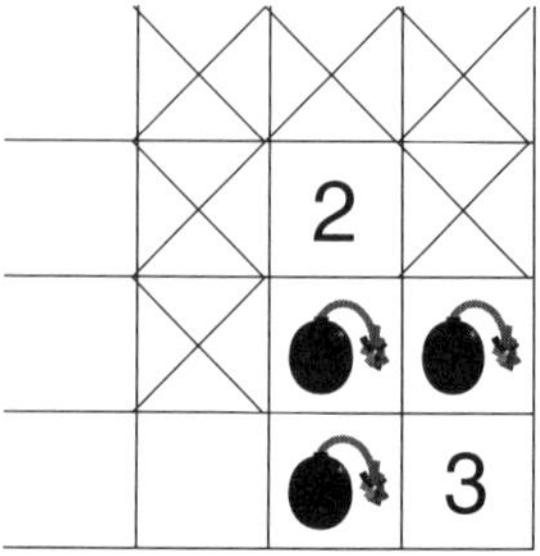

Solution 3

Comme il y a exactement trois cases autour de l'indice 3, ces cases contiennent une mine. Il y a alors deux mines autour du 2, ses autres voisines sont vides.

Règle de l'indice servi

Si le nombre de mines déjà placées autour d'un indice est égal à cet indice, les autres cases sont vides.

1	3	c	
a	b	d	
		e	
1	1	f	

Solution 4

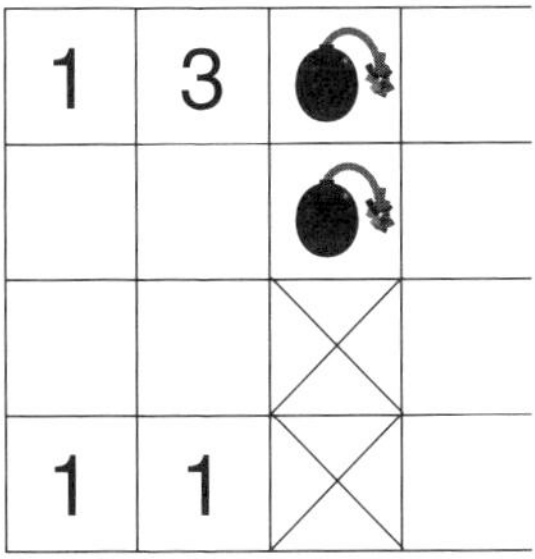

Solution 4 (suite)

Le bloc formé par les cases marquées a et b contient une mine (indice 1).
Le bloc formé par les cases marquées a, b, c, d en contient trois (indice 3).
Par différence le bloc formé par les cases c, d en contient deux, elles contiennent donc une mine.
Un raisonnement du même type montre que les deux cases du bas sont vides.

Règle de la différence

Lorsque deux indices a et b voisins sont tels que les cases voisines de a soient toutes voisines de b, alors le nombre de mines situées sur les cases voisines de b qui ne sont pas voisines de a est égal à b-a.

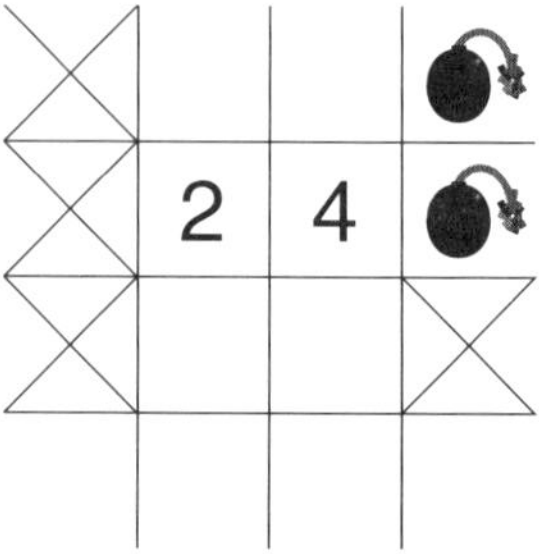

Solution 5

Les cases voisines du 4 contiennent deux mines de plus que les cases voisines du 2.
Cette propriété reste vraie si l'on ne compte pas les cases voisines à la fois du 4 et du 2.
Donc les cases voisines du 4 qui ne sont pas voisines du 2 contiennent deux mines de plus que les cases voisines du 2 qui ne sont pas voisines du 4.
Les cases voisines du 4 qui ne sont pas voisines du 2 contiennent donc au moins deux mines, et comme il n'y a que deux cases libres, celles-ci contiennent une mine.
Maintenant, les cases voisines du 2 qui ne sont pas voisines du 4, contiennent 2-2=0 mines, elles sont vides.

Règle d'élimination des parties communes

Soit deux indices a et b. La différence entre le nombre de mines voisines de a et non voisines de b et le nombre de mines voisines de b et non voisines de a est égal à a-b.

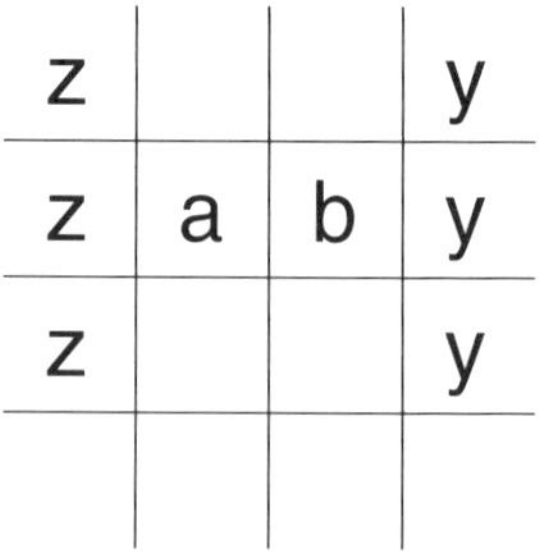

La différence entre le nombre de mines des cases z et des cases y est égale à a-b.

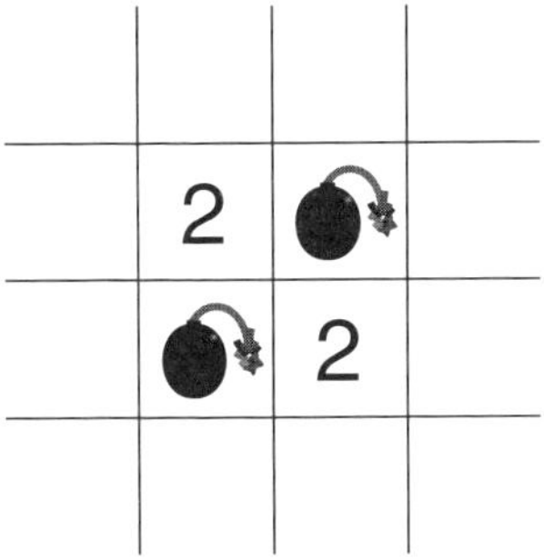

Solution 6

Il y a déjà deux mines autour du premier 2, il n'y en a donc pas ailleurs. Il y a deux mines autour de l'autre 2, il n'y en a pas ailleurs. Les deux mines doivent être voisines des deux indices à la fois.

Règle de l'attraction

Si le nombre de mines restant à placer est égal au nombre de mines restant à placer autour d'un indice, les mines restantes sont toutes autour de cet indice (autrement dit, toutes les autres cases sont vides).

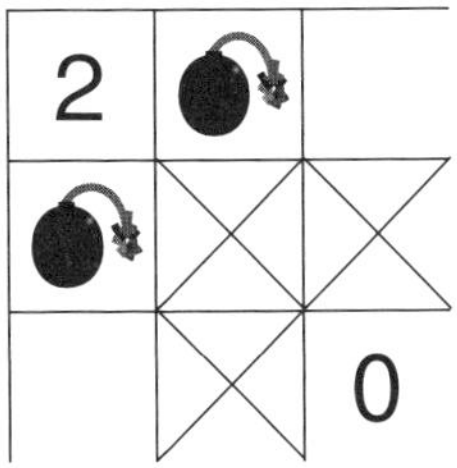

Solution 7

Les deux mines doivent être voisines du 2 et ne pas toucher le 0, il n'y a que deux cases qui peuvent contenir des mines.

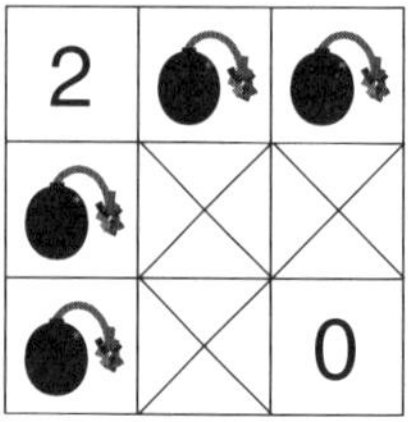

Solution 8

Les cases autour du zéro sont vides. Il reste 4 cases libres, elles contiennent une mine.

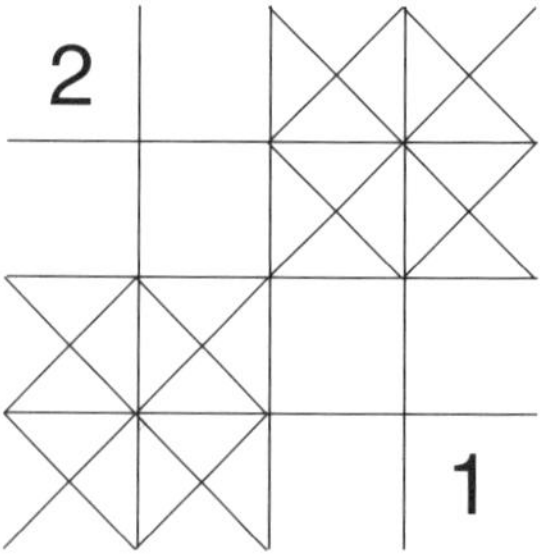

Solution 9

Il y a deux mines autour du 2, une mine autour du 1, il n'y en a pas ailleurs.

Règle du système complet d'indices

Si la somme de deux indices sans voisins communs est égale au nombre de mines restant à placer, les mines restant à placer sont voisines de l'un de ces indices (autrement dit, il n'y en a pas ailleurs).

Remarque : cette règle se généralise à plus de deux indices à condition que les indices n'aient pas de voisins communs deux à deux.

a	a	a	
a	3	b	c
a	b	3	c
	c	c	c

Solution 10

Le nombre de mines autour du premier 3 plus le nombre de mines autour de l'autre 3 est égal à six. Comme il n'y a que quatre mines dans la grille, deux mines ont été comptées deux fois. Les deux cases marquées *b*, voisines des deux trois à la fois, contiennent chacune une mine.
Par différence, il y a une mine dans les cases marquées *a* et une autre dans les cases marquées *c*, ce qui donne quatre mines. Il n'y en a donc pas ailleurs.

Règle du surplus

Si la somme de deux indices dépasse le nombre de mines restant à placer de x, il y a au moins x mines dans la région formée par les cases voisines aux deux indices.
En particulier s'il y a exactement x cases communes aux deux indices, celles-ci contiennent une mine.

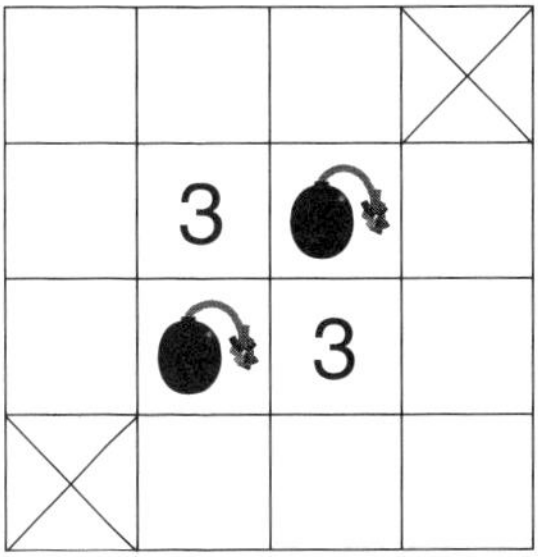

Solution 11

4				
?	?	?	?	

La solution étant unique, les cases marquées d'un ?, ne peuvent pas être remplies de manière différente car on obtiendrait une autre solution en changeant les mines de position entre ces cases. Elles contiennent donc toutes une mine ou sont toutes vides. Si elles étaient minées, la solution contiendrait au moins huit mines (les quatre marquées ? et les quatre autour du 4) comme la solution ne contient que cinq mines, les cases marquées ? sont toutes vides.

Règle des cases sans indices voisins

Si la grille n'admet qu'une seule solution, les cases qui ne sont voisines d'aucun indice sont soit toutes minées, soit toutes vides.

Remarque : cette règle ne peut être utilisée que si vous avez entièrement confiance en l'auteur de la grille !

Solution 12

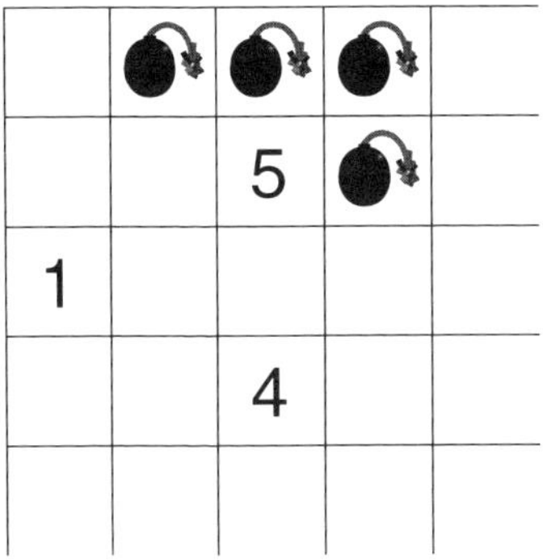

La solution étant unique, les cases marquées d'un ?, ne peuvent pas être remplies de manière différente car on obtiendrait une autre solution en changeant les mines de position entre ces cases. Si elles étaient toutes vides, on ne pourrait pas placer 5 mines autour du 5, elles contiennent donc toutes une mine.

Règle de symétrie entre les cases

Si le problème admet une solution unique et si plusieurs cases sont voisines exactement des mêmes indices, alors, soit toutes ces cases contiennent une mine, soit elles sont toutes vides.

Remarque : cette règle généralise la précédente.

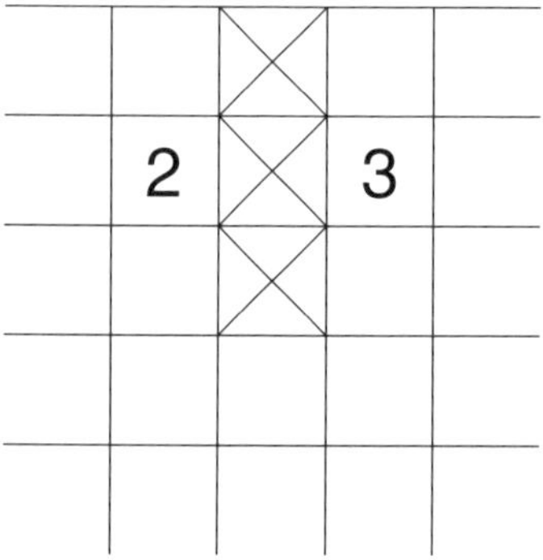

Solution 13

En utilisant le même raisonnement que dans l'exercice précédent, les trois cases marquées d'un ? sont de même nature. Elles ne peuvent pas toutes contenir une mine à cause de l'indice 2, elles sont donc toutes vides.

CHAPITRE 3

DEUX GRILLES COMMENTÉES

Dans le chapitre précédent, vous avez vu comment utiliser simultanément les indices. Essayons-nous maintenant en «grandeur nature».

Nous allons vous présenter deux grilles : la première se résout essentiellement en déduisant le contenu des cases voisines d'un indice par la règle de remplissage et la règle de l'indice servi.

On remarquera qu'il est tout aussi important de marquer les cases qui ne contiennent pas de mines que celles qui en contiennent.

EXEMPLE 1 : retrouvez les 18 mines de cette grille.

		3							
			3			4			
	4		2			4			2
3		3	1		3	5	5	5	
			1						

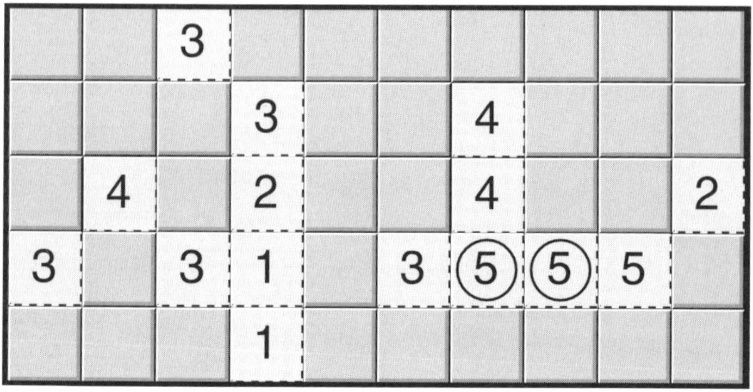

Les deux indices 5 de gauche permettent directement de placer sept mines.

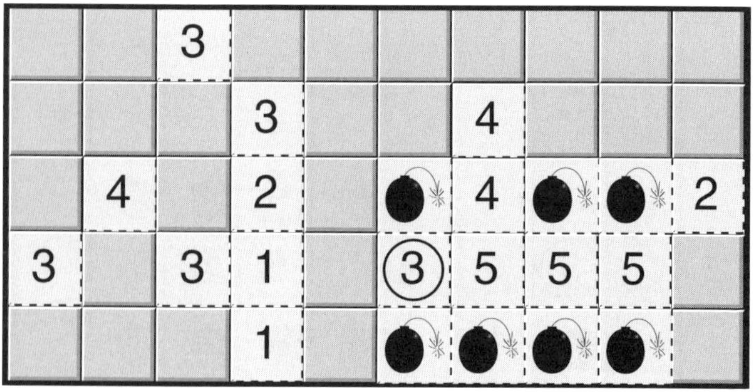

L'indice 3 de droite est déjà entoure de trois mines, ses autres voisines sont vides.

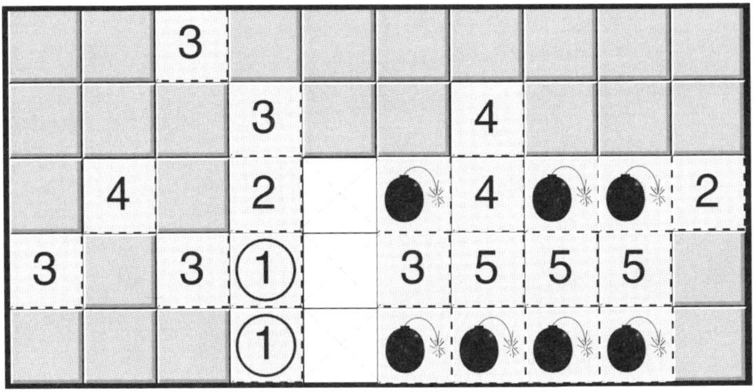

On place la mine voisine de l'indice 1 du bas et on déduit une case vide voisine de l'indice 1 du haut.

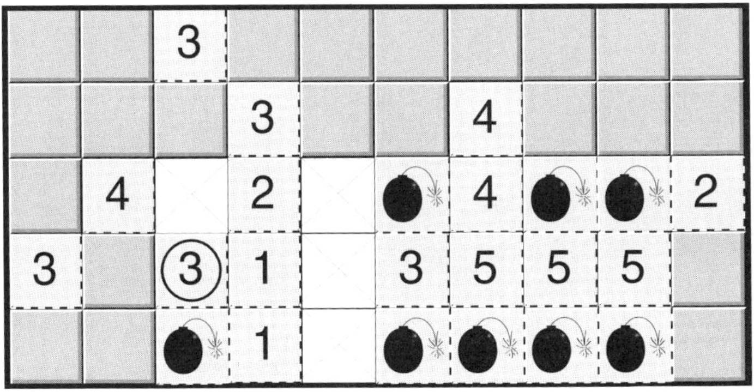

Le 3 de la troisième colonne permet de placer deux mines.

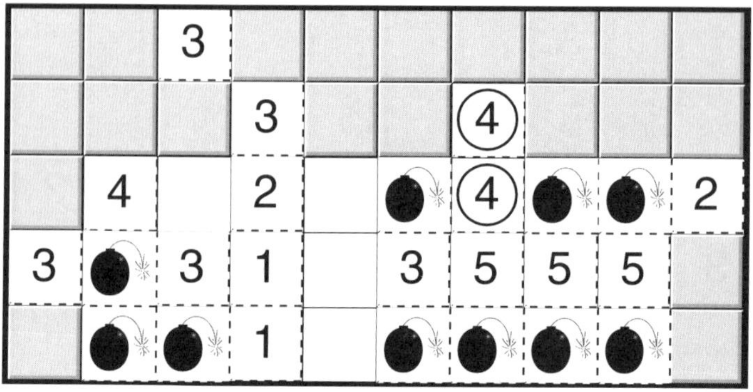

Le 4 de la troisième ligne et septième colonne permet de trouver deux mines ; celui qui est au-dessus est alors entouré de quatre mines. Les trois autres voisines sont vides.

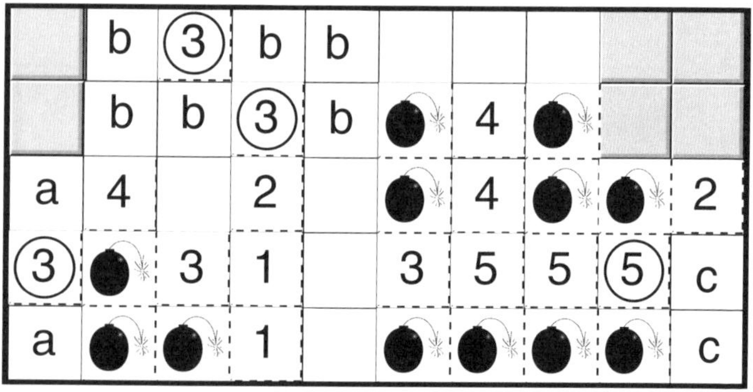

Il reste six mines à placer.
Il y en a une sur les cases marquées *a* (indice 3).
Il y en a une sur les cases marquées *c* (indice 5).
Il y en a au moins quatre sur les cases marquées *b* à cause des deux indices 3, donc exactement quatre. Il ne peut pas y en avoir ailleurs.

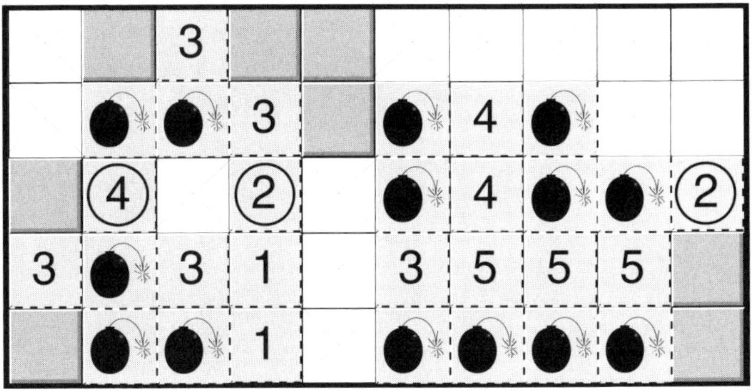

On place alors les mines autour du 4 de la deuxième colonne, du 2 de la quatrième colonne et du 2 de la dernière colonne.

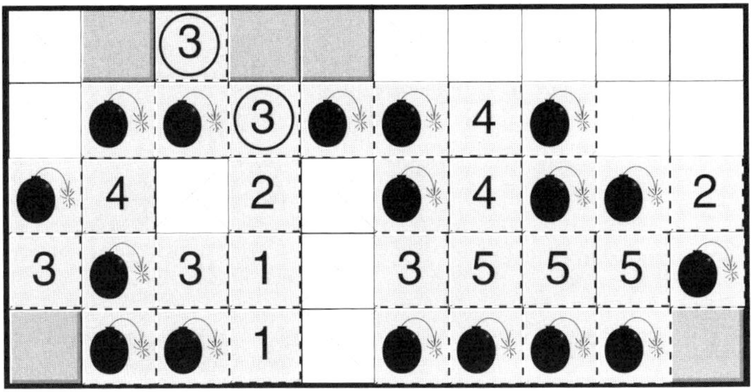

Il ne reste plus qu'une seule mine à placer, elle doit être commune aux deux 3 encore incomplets.

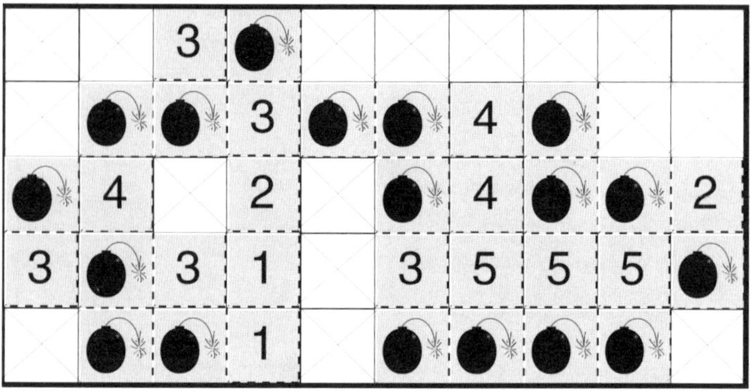

EXEMPLE 2 : retrouvez les 11 mines de cette grille.

Dans cet exemple, nous allons commencer par chercher un système complet d'indices ce qui nous permettra de trouver rapidement de très nombreuses cases vides.

					2	2	
		1		0		2	
0							
	1						2
			1	1		3	
1	1				4		
	1					2	

CHAPITRE 3

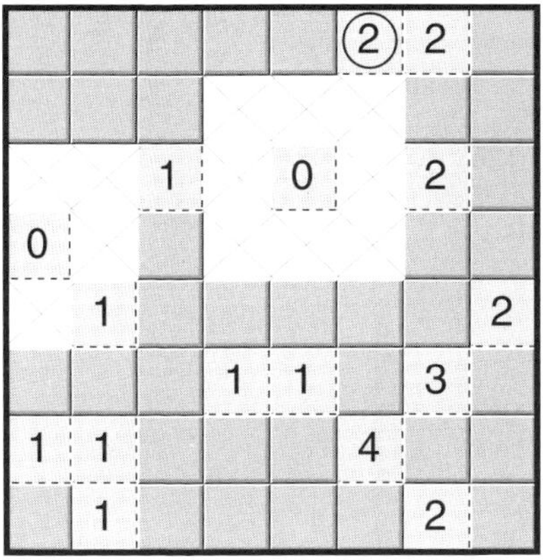

On commence par marquer les cases vides autour des 0. Le premier 2, n'a que deux cases voisines, elles contiennent des mines.

On considère cinq zones de la grille marquées a, b, c, d, e :
Il y a une mine dans la zone *a* : ce sont les cases voisines d'un 2 qui a déjà une mine.

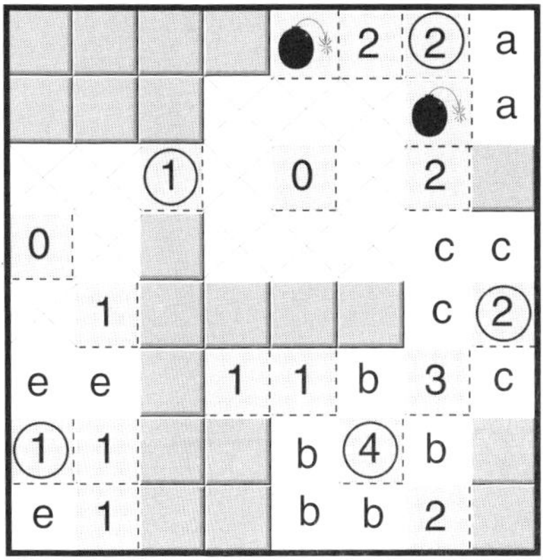

Il y a quatre mines dans la zone *b* : ce sont les cases voisines du 4.
Il y a deux mines dans la zone *c* : ce sont les cases voisines d'un 2.
Il y a une mine dans la zone *d* et une mine dans la zone *e*
Ainsi dans les zones repérées par des lettres, il y a 1+4+2+1+1 = 9 mines.
Comme la grille contient onze mines et qu'on en a déjà trouvé deux, il n'y a pas de mines dans les cases non marquées.

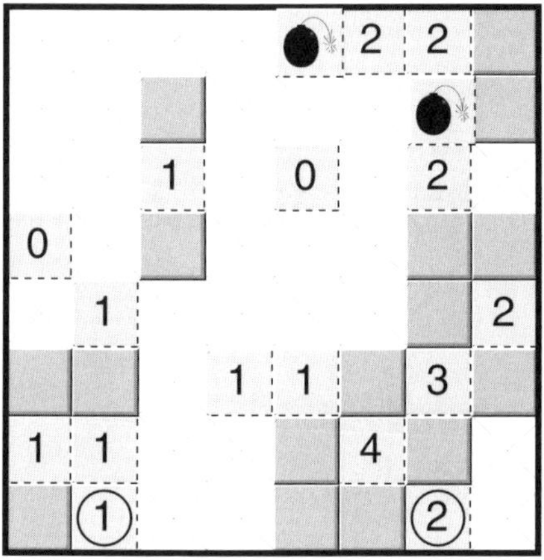

Le 1 et le 2 de la dernière ligne permettent de trouver trois mines.

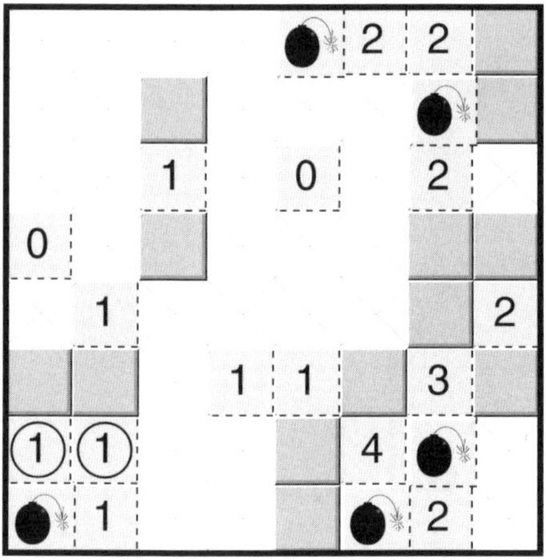

Les deux 1 de l'avant-dernière ligne ont déjà une mine voisine, les autres cases voisines sont vides.

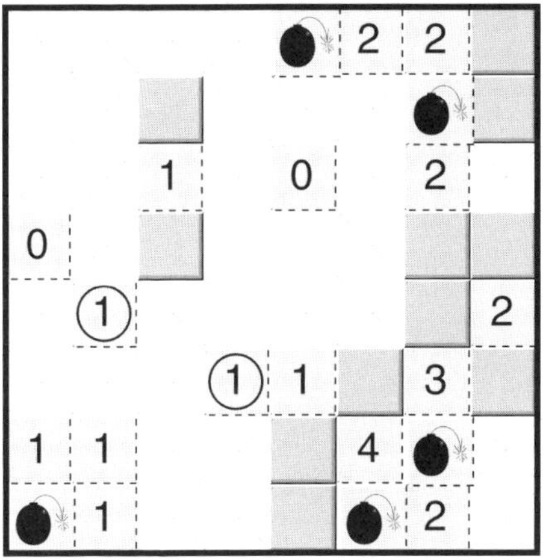

Les deux 1 permettent de placer deux mines et les deux autres donnent des cases vides.

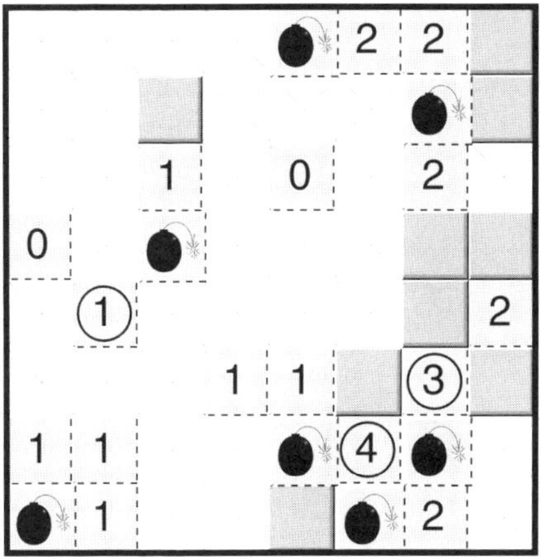

On complète le tour du 4 et celui du 3. Le 2 est alors complet.

Le 2 de la troisième ligne permet de conclure.

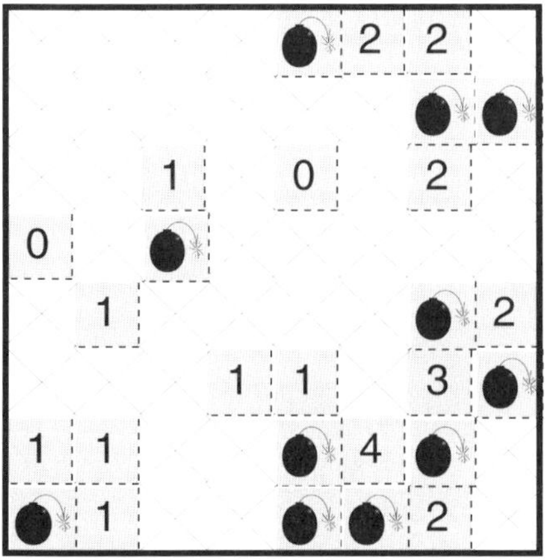

La méthode consistant à séparer la grille en zones dont on connaît le nombre de mines et dont la somme est le nombre de mines total du diagramme est la première méthode à utiliser dès que l'on est bloqué. Si cela ne fonctionne pas directement, on utilise ses variantes (zones dont on connaît seulement une minoration du nombre de mines), ou l'unicité, ou encore d'autres principes que vous découvrirez vous-même...

Dans l'exemple précédent, nous avons appliqué la méthode des zones alors qu'il restait encore des raisonnements purement locaux efficaces. L'intérêt principal a été d'obtenir d'un coup un grand nombre de cases vides et donc de simplifier largement le problème.

CHAPITRE 4

MISE EN JAMBES

Dans ce chapitre, de nombreuses cases peuvent être remplies dès le début en observant un seul indice.

En milieu de partie, une fois ces cases remplies, il pourra être utile d'observer deux indices simultanément.

En fin de partie, si toutes les mines ne sont pas déjà placées, le nombre total de mines permettra de placer les dernières.

Voici donc 6 grilles pour commencer …

1

Retrouvez les 18 mines de cette grille.

2	3		3						
				4	3				
2	4					4	2		
2		2	3					5	
				2			3		

(solution p.41)

2

Retrouvez les 18 mines de cette grille.

						0			1
3	5						0		
1			5		2				1
		4							
				0					1

CHAPITRE 4

3

Retrouvez les 18 mines de cette grille.

	2				2	3			1
		4			2			4	1
4			2		1				
	3		1				3	4	
								3	

4

Retrouvez les 15 mines de cette grille.

				3			2	2	
					2	1			
	0				1			5	
	2								
						2	2		4
1		1						2	

(solution p.42)

5

Retrouvez les 15 mines de cette grille.

		3					1	0	
2			3			3			
3			1						1
	4				2				
	4			1	1		0		1
1				1					

6

Retrouvez les 15 mines de cette grille.

	2		6	4			0		
	3					1		2	
2			4			2		2	
		1				4			
	2				1				

Solution 1

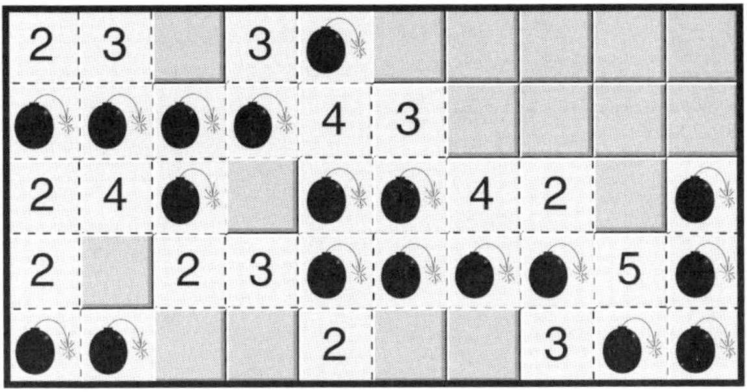

Solution 2

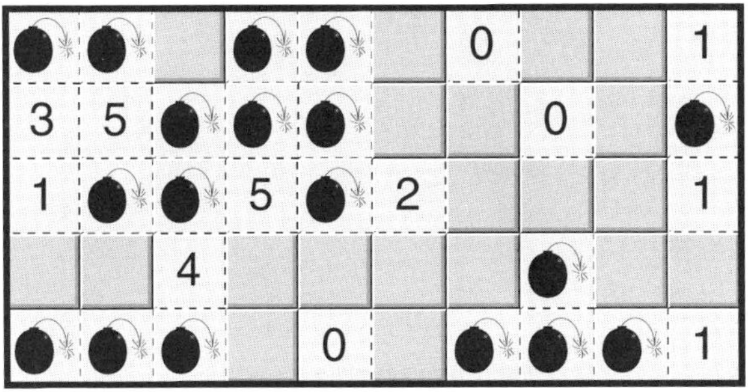

Solution 3

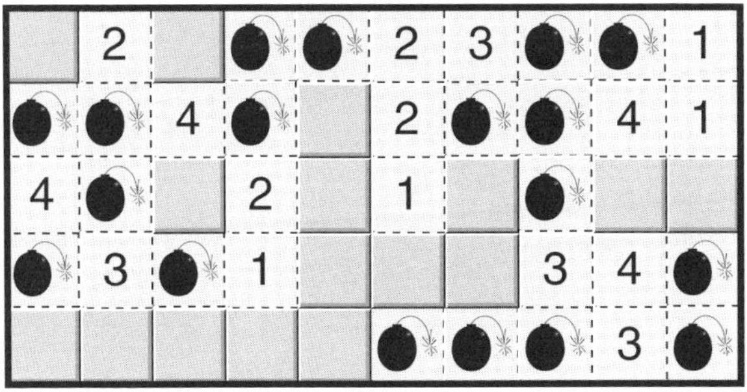

Solution 4

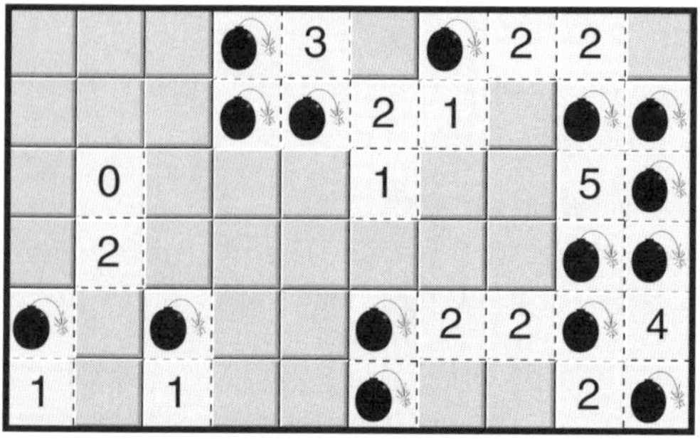

Solution 5

Solution 6

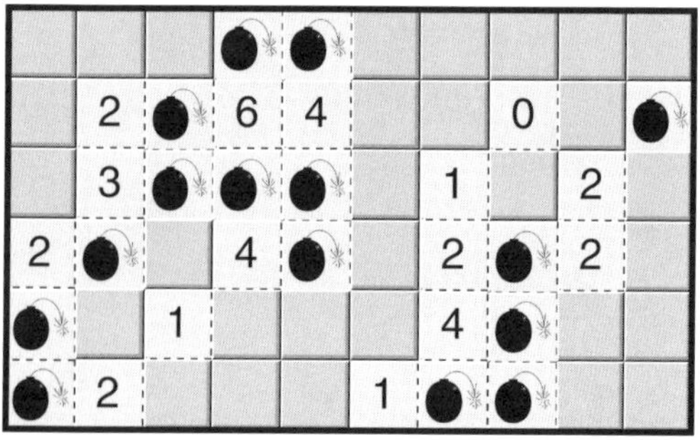

CHAPITRE 5

LES CLASSIQUES

Nous arrivons maintenant aux grilles de difficulté moyenne.

Maintenant, vous aurez à utiliser toutes les règles de déduction présentées dans les chapitres précédents. En particulier, la règle de la différence, qui permettra de commencer bien des problèmes. En revanche, les règles plus complexes, comme celle du système complet d'indices, celle du surplus ou celle de l'unicité, peuvent éventuellement servir, mais jamais pour démarrer le problème. Il arrivera que l'on s'en serve, mais généralement pour compléter de petits îlots de cases, la majeure partie des cases étant déjà remplies à ce moment-là.

La forme et la taille des grilles, volontairement variées pour votre plus grand plaisir, ne jouent pas fondamentalement sur la difficulté des problèmes.

Arriverez-vous au bout de ces 22 grilles ?

(solution p.54)

		3		
3		4		
2			4	
1				0

7

Retrouvez les 10 mines de cette grille.

8

Retrouvez les 10 mines de cette grille.

	2			
3		6		
				2
		2		1
				0

	1			
2				
	3	4		3
3		4		2
			2	1

9

Retrouvez les 10 mines de cette grille.

CHAPITRE 5

10

Retrouvez les 10 mines de cette grille.

		0		
3				3
		2		
				3
		2		

11

Retrouvez les 10 mines de cette grille.

				2
	5	4		
				2
1		3		
1	1			2

12

Retrouvez les 10 mines de cette grille.

	3	1	2	
2				
1		3		
		3		3

13

Retrouvez les 13 mines de cette grille.

	3	2			0
		3	2		
	4		3		
				4	
		4			
			2		0

(solution p.55)

14

Retrouvez les 13 mines de cette grille.

			3		2
		5			
		4	3		
				2	
1				3	
	2		4		

CHAPITRE 5

15

Retrouvez les 13 mines de cette grille.

2				2	
	5				
	4		5	3	3
		1			
	2		2		

16

Retrouvez les 13 mines de cette grille.

			2	2	2
		3			2
3	4	4		3	
					1
	2	2			

17

Retrouvez les 13 mines de cette grille.

1			0		
		3			
		3			
		3		7	
	3				
2		2			3

18

Retrouvez les 13 mines de cette grille.

			1		1
		6			
3				4	
	4	4		5	3
			1		

CHAPITRE 5

19

Retrouvez les 18 mines de cette grille.

2			1				1		2
		3	2	3			3		
4			1	2			3		
	6				3		2		
				1					1

(solution p.56)

20

Retrouvez les 18 mines de cette grille.

	1			4			4		
2		4				4			
				4				4	
		4			1	2		3	
	1		0		1			2	1

21

Retrouvez les 18 mines de cette grille.

	2	1		3		3			
			4			6		4	
	3			3					1
					2			4	2
2		2		0			2		

22

Retrouvez les 18 mines de cette grille.

			2				2	1	
4			2		2	2			
	2			3			4	4	
			3						
0		1			4				2

(solution p.57)

CHAPITRE 5

23

Retrouvez les 18 mines de cette grille.

									1
		1			5	5		5	3
	3	1	3			4			
2	2					4		5	
		1	2						

24

Retrouvez les 18 mines de cette grille.

2		4							
3			3	4				1	
	4		3			3	2		1
			3		3		1	2	2
			3						

25

Retrouvez les 11 mines de cette grille.

	1	0					
1			1	1			
				1			
			2				1
	2					2	1
2			0				
2			1			2	
		1			0		1

(solution p.58)

26

Retrouvez les 11 mines de cette grille.

					0		
	0						2
			1			2	
	3			1	2		
		3					
				0		0	
2	3		2				
1					1		

CHAPITRE 5

27

1			2			0	
	1	0			2		
		1					
						0	
1				1			
		1		0			
0	2				2	2	
				1			

Retrouvez les 11 mines de cette grille.

28

Retrouvez les 11 mines de cette grille.

	1						
2	3			0	1	2	
1	3	3			0	1	
1							
				1	1		2
0	1	1				1	1

Solution 7

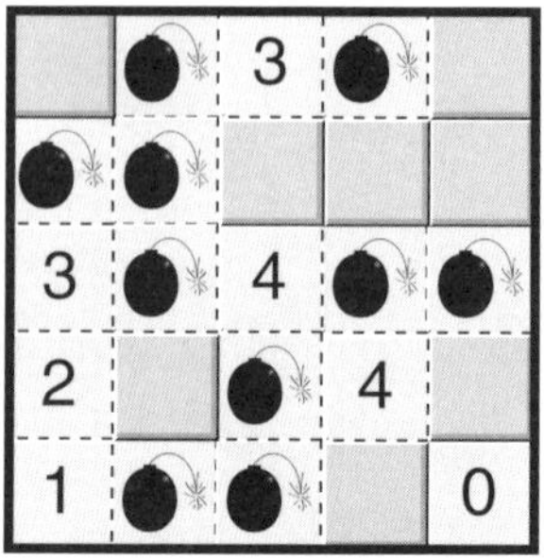

Solution 8

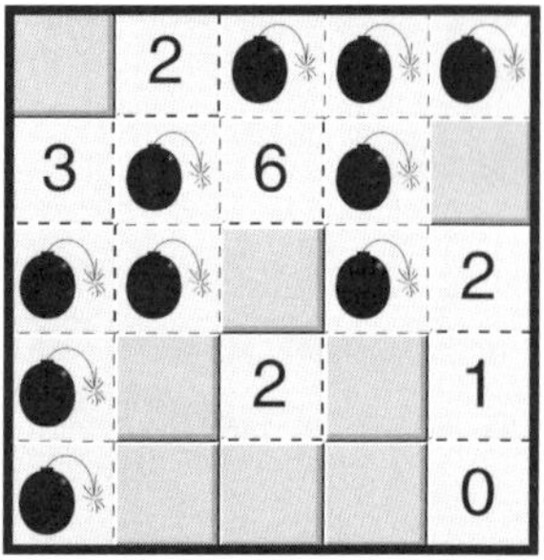

Solution 9

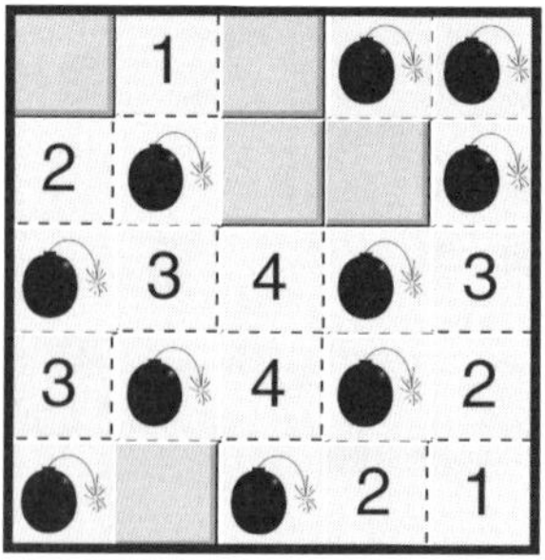

Solution 10

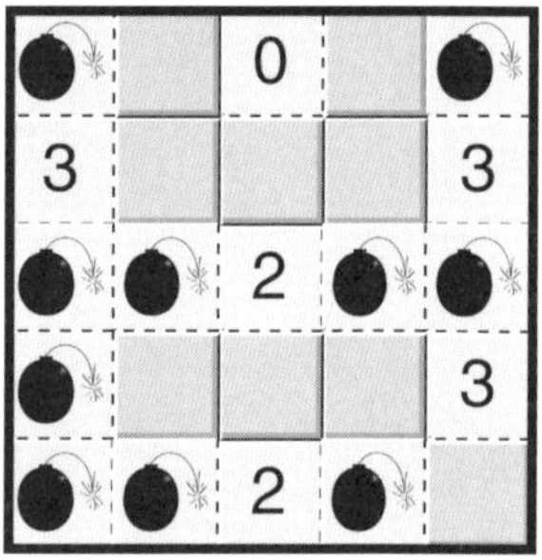

Solution 11

Solution 12

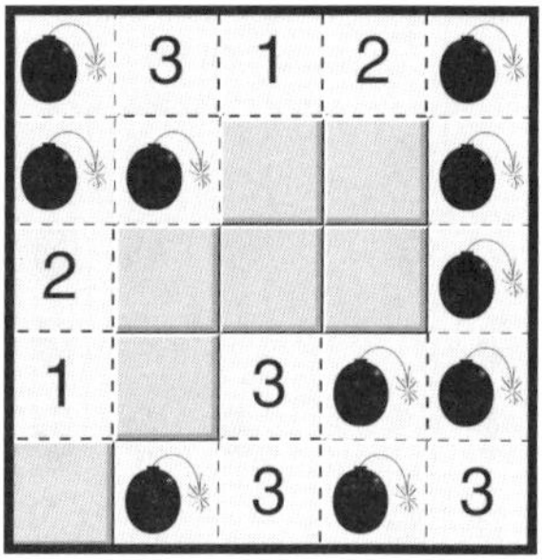

Solution 13

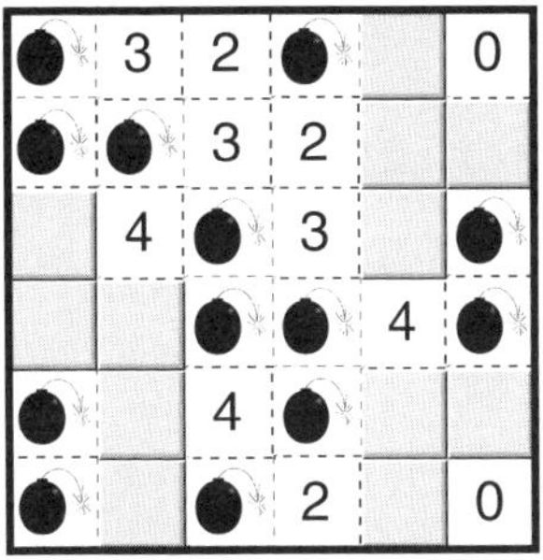

Solution 14

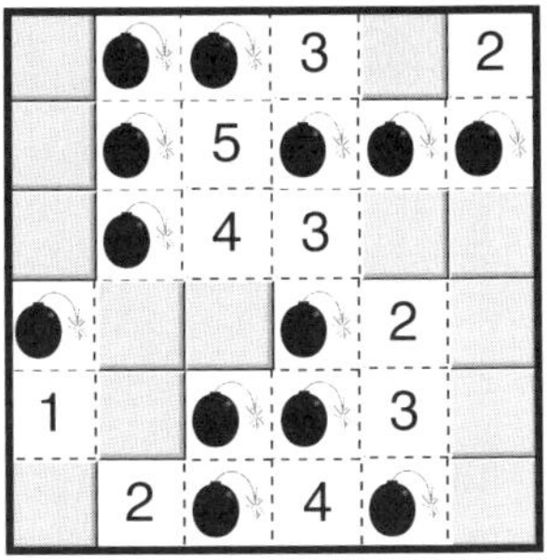

Solution 15

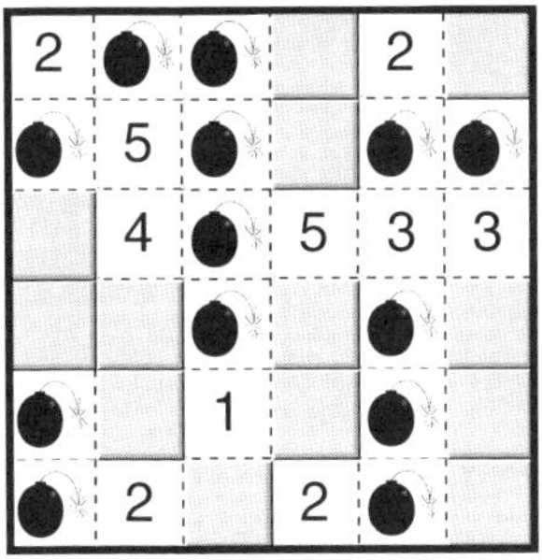

Solution 16

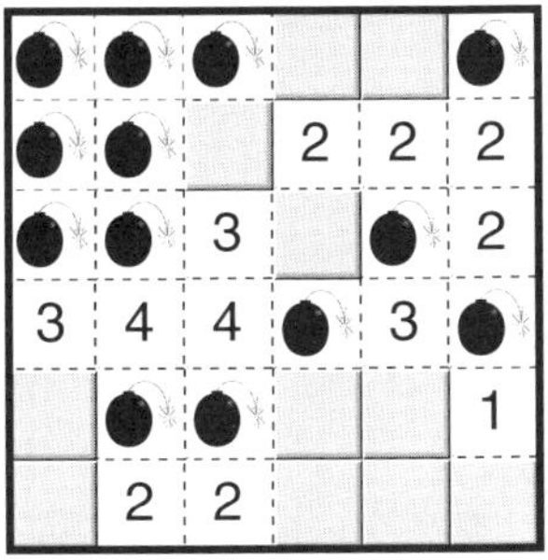

Solution 17

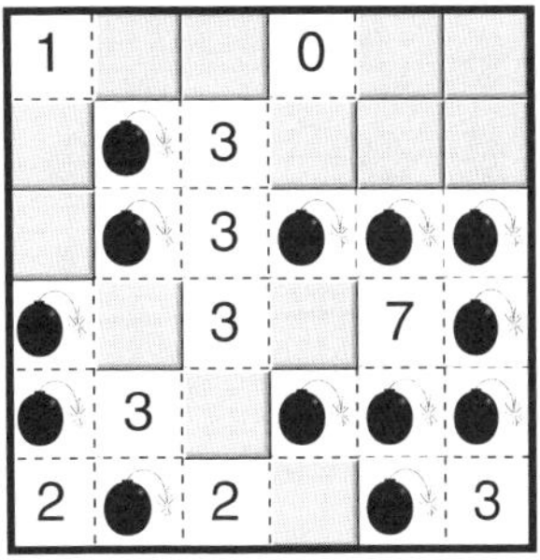

Solution 18

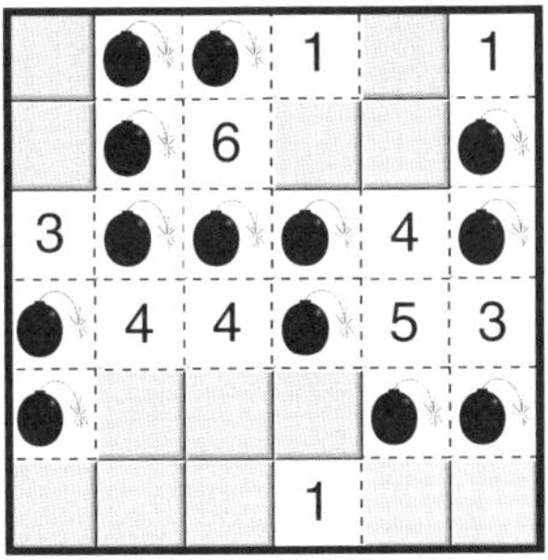

Solution 19

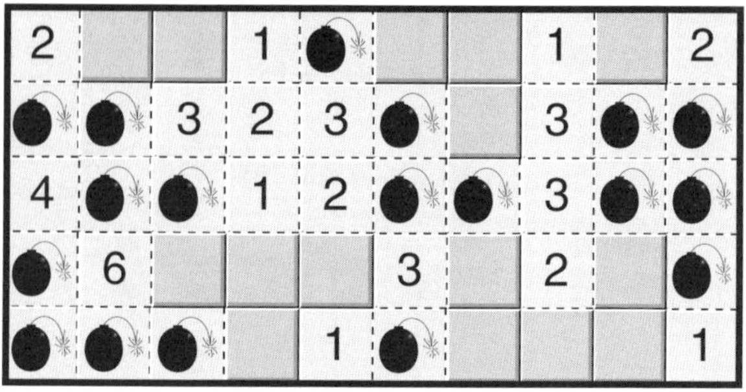

Solution 20

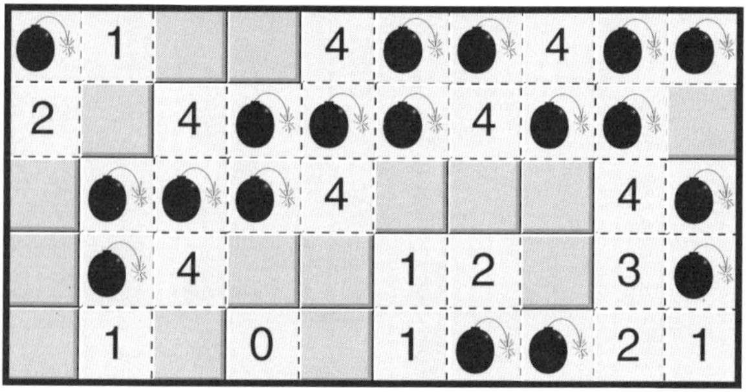

Solution 21

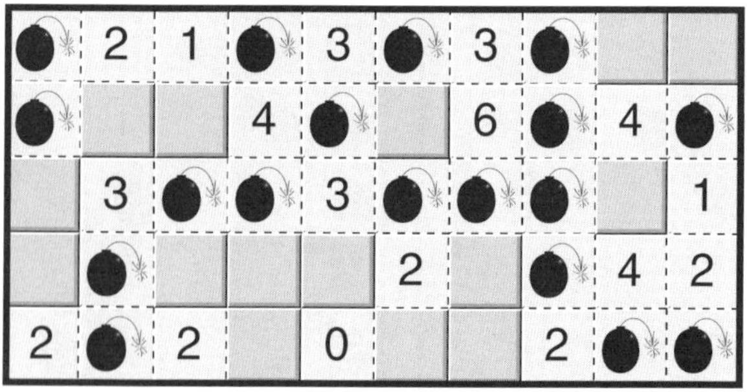

Solution 22

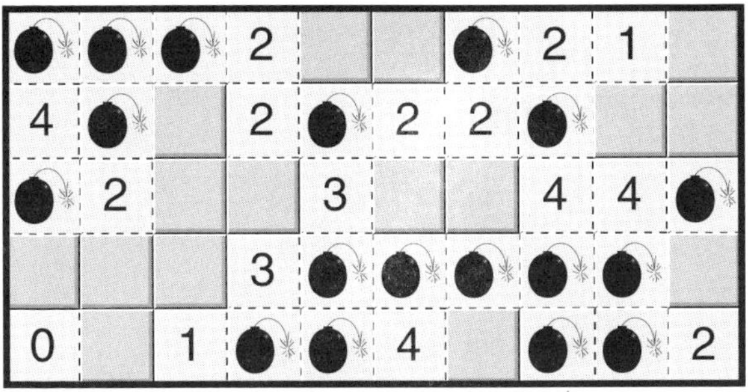

Solution 23

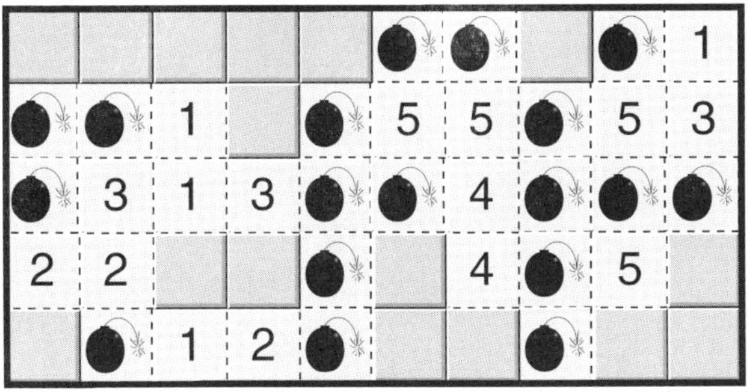

Solution 24

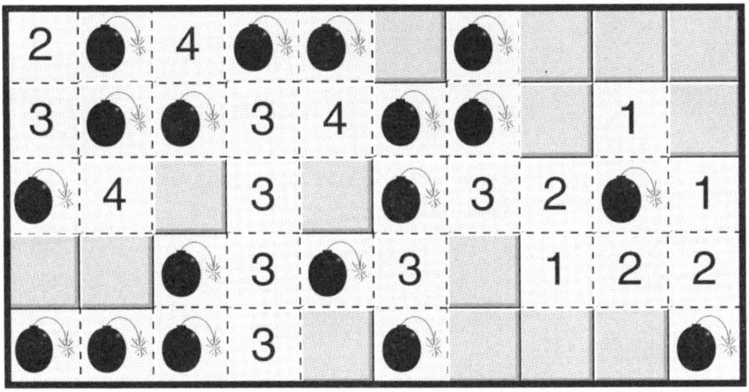

Solution 25

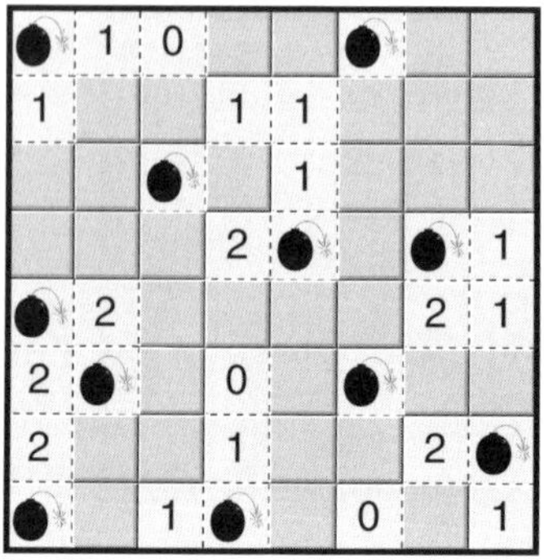

Solution 26

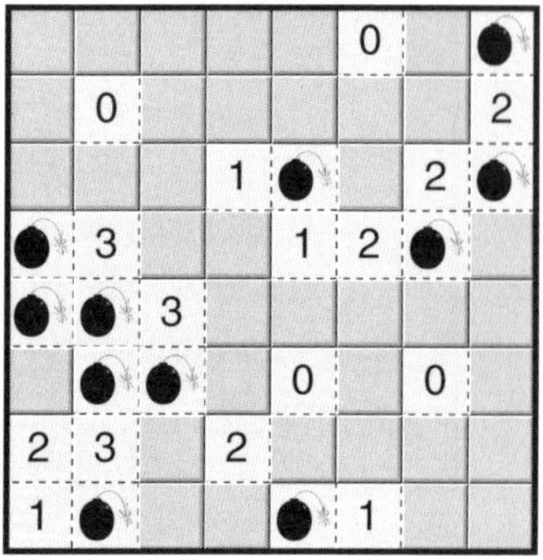

Solution 27

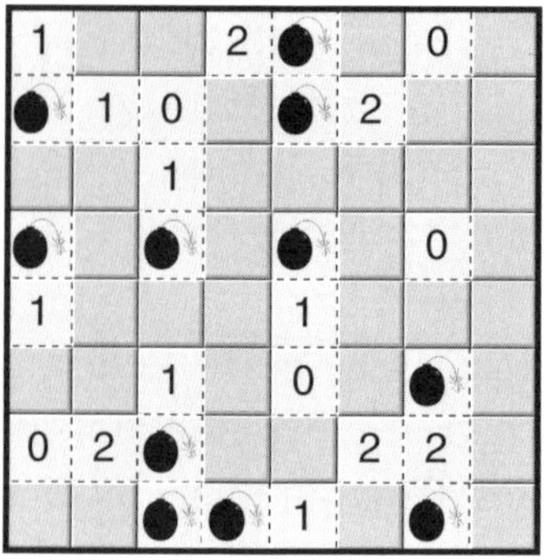

Solution 28

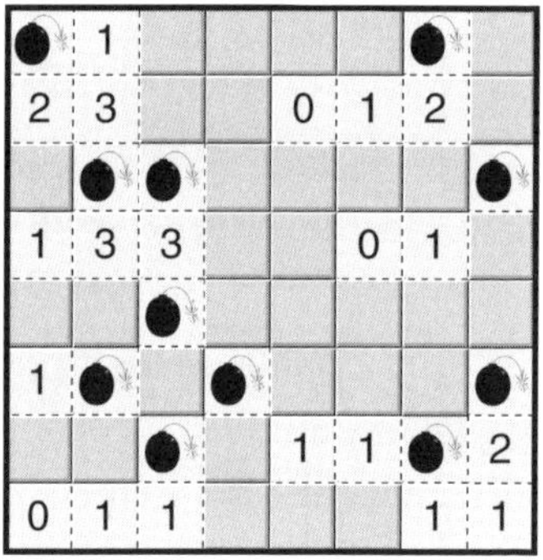

CHAPITRE 6

POUR AMATEURS ENTRAINÉS

Comme vous avez pu l'observer au chapitre précédent, on peut classer les règles de déduction en deux catégories.

La première catégorie contient les règles qui ne font intervenir qu'une zone de la grille, indépendamment du reste. Les règles de *l'indice servi* ou de *la différence* font partie de cette catégorie.

La seconde catégorie contient les règles qui utilisent l'ensemble de la grille. Par exemple, pour appliquer le système complet d'indices, il faut avoir parcouru la grille dans sa totalité.

Les règles de la premiere catégorie sont appelées locales, et les autres, globales.

Dans ce chapitre, les règles locales ne permettent que de placer quelques mines. Les autres mines étant hors de portée de raisonnements simples. Contrairement au chapitre précédent, il faut donc appliquer très tôt les règles globales.

(solution p.68)

			1	
3	5	5		2
				2
1				

29

Retrouvez les 10 mines de cette grille.

30

Retrouvez les 10 mines de cette grille.

2	3	2		
				3
		3		
1		0		

		2	1	
	4			2
	3			
1		0		

31

Retrouvez les 10 mines de cette grille.

CHAPITRE 6

32

Retrouvez les
10 mines
de cette grille.

1				
		2	1	1
	3			
		4		3
		4		

33

Retrouvez les
10 mines
de cette grille.

1	3		4	
2		5		1
1				1

34

Retrouvez les
10 mines
de cette grille.

	3		4	
2				0
	3	2		
	3			

35

Retrouvez les 18 mines de cette grille.

1	2				2		3		2
2							4	4	
	3			0					
1									2
	2			2			3		

(solution p.69)

36

Retrouvez les 18 mines de cette grille.

2		3		2					1
	4	4			3	3	3		2
	1		2		1				
	1					3			

CHAPITRE 6

37

Retrouvez les 18 mines de cette grille.

			2	1				2	1
0	2			2	2				2
		4			2	3	4		2
2					1			3	

38

Retrouvez les 18 mines de cette grille.

						2			
0			5		5	5	5		
2				4					4
		2				3			
				2				2	

(solution p.70)

39

Retrouvez les 18 mines de cette grille.

				3				3	
	1	2			2		2		
	2		3			1		5	
	3		1				2		
	3					2			

40

Retrouvez les 18 mines de cette grille.

		2		2		2			
	2	3			3				1
1			4	3		3		3	
1				5				3	
								1	

CHAPITRE 6

41

Retrouvez les 15 mines de cette grille.

	1	3							
					3	4	2		
			1						
0			1		2	4			
1	2	1							
				2			3		2

(solution p.71)

42

Retrouvez les 15 mines de cette grille.

	2			3			1	1	
			4		3			1	
0					4				
2		2				3			2
							2		
				1		0		1	

43

Retrouvez les 15 mines de cette grille.

	2	2	1				1		
									1
			3		3	4			2
						2		3	
		3	0		2		3		2

44

Retrouvez les 15 mines de cette grille.

	0					2			
		2	2			3		3	2
				2		2	1		
	3			3		3			0
2		2						1	
1			1	2	3		2		0

(solution p.72)

CHAPITRE 6

45

Retrouvez les 15 mines de cette grille.

		0			2				
				3			0		
3		2				3		4	
			1						
2	4				2		2		
	2		1				0		

46

Retrouvez les 15 mines de cette grille.

	2	2	2	1	3				1
							1		1
		1		1	1		2		2
				1					
	0	1				2		3	

Solution 29

Solution 30

Solution 31

Solution 32

Solution 33

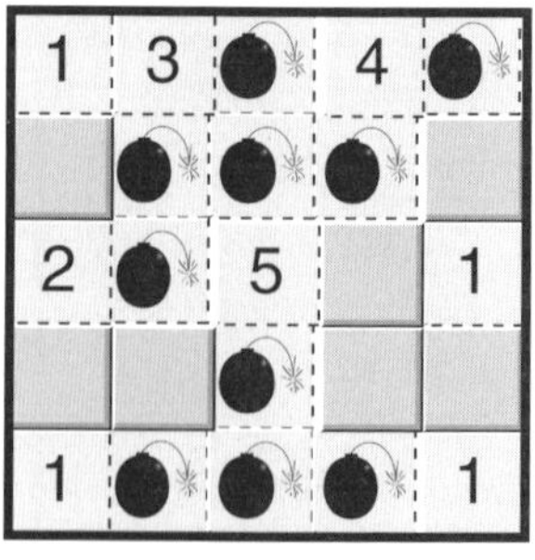

Solution 34

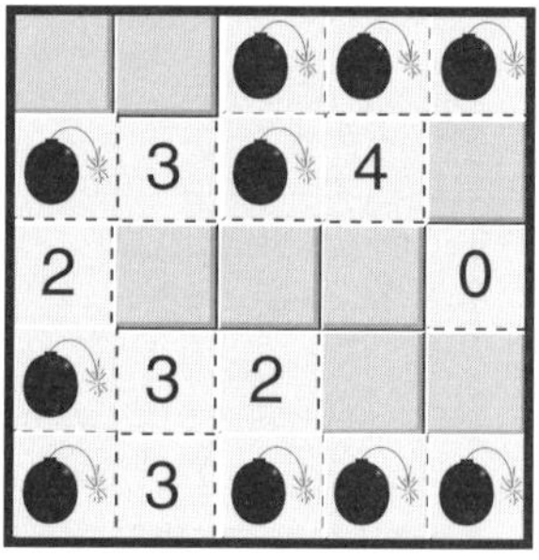

Solution 35

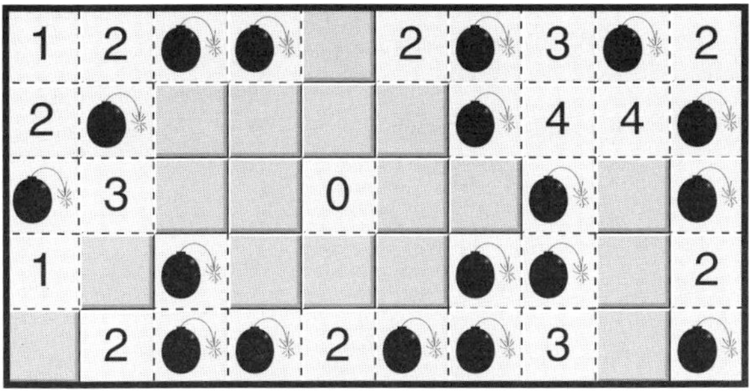

Solution 36

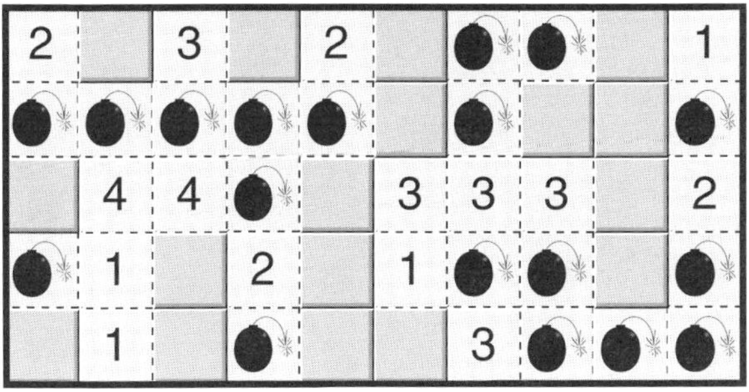

Solution 37

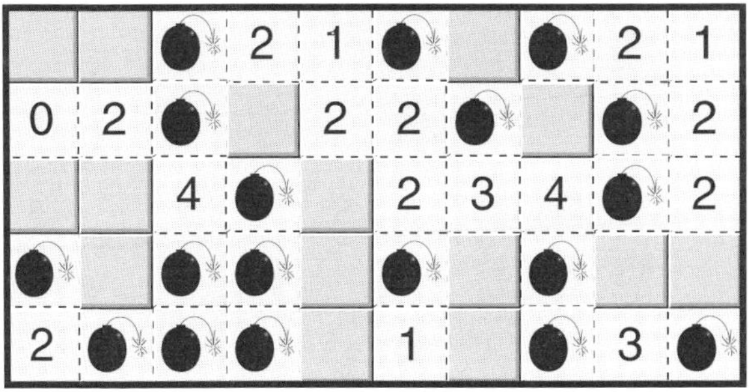

Solution 38

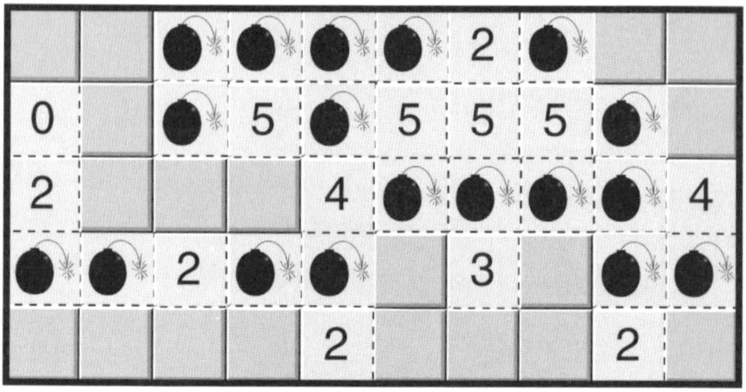

Solution 39

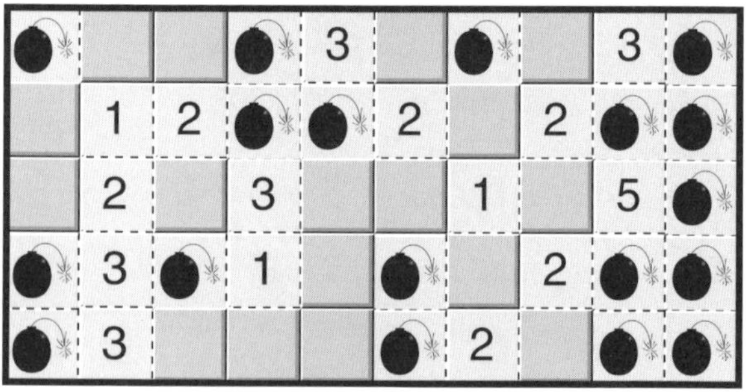

Solution 40

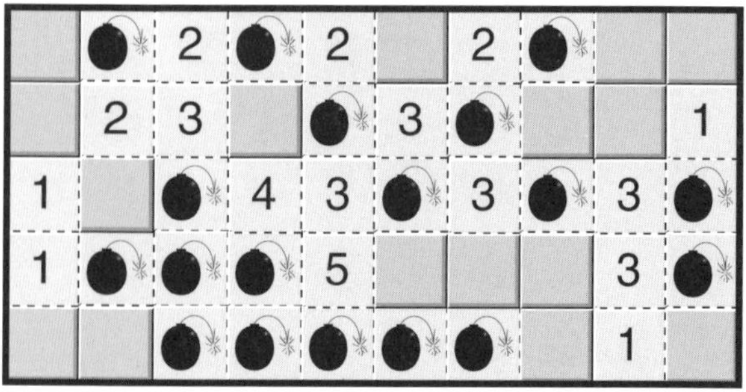

Solution 41

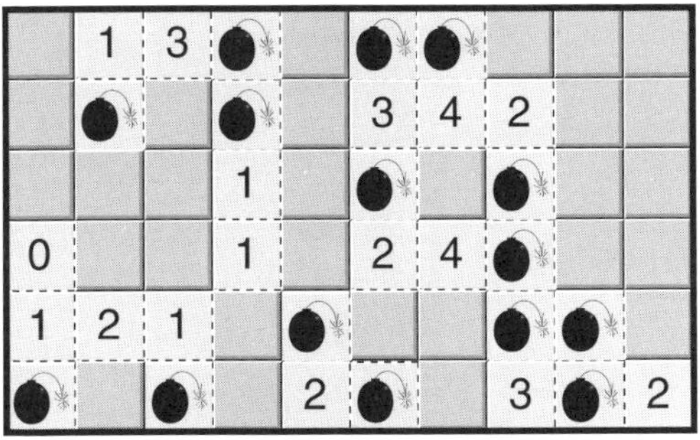

Solution 42

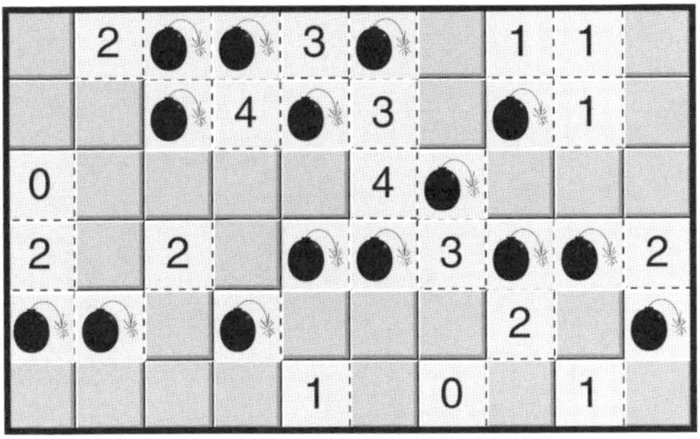

Solution 43

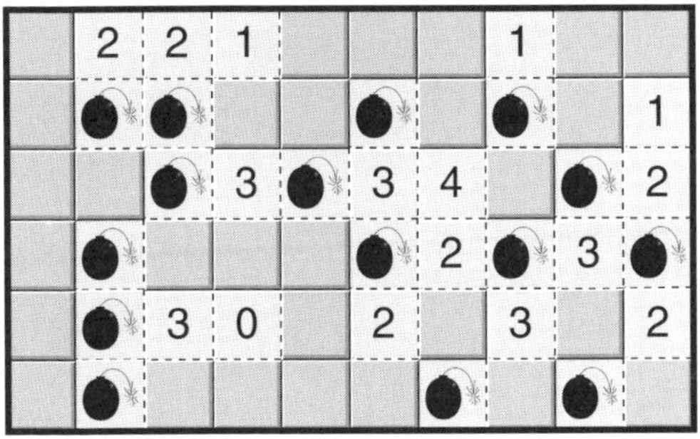

Solution 44

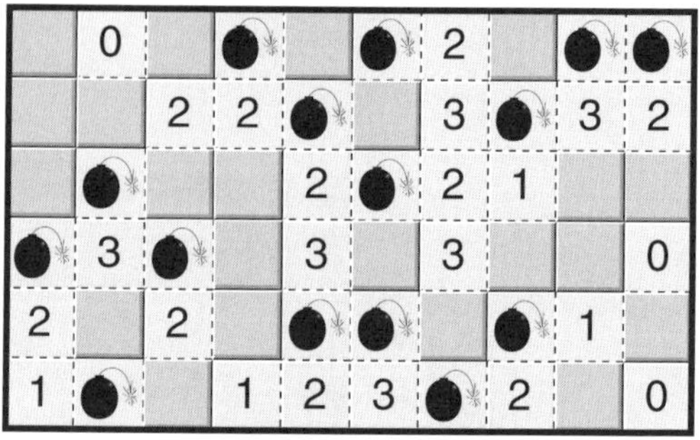

Solution 45

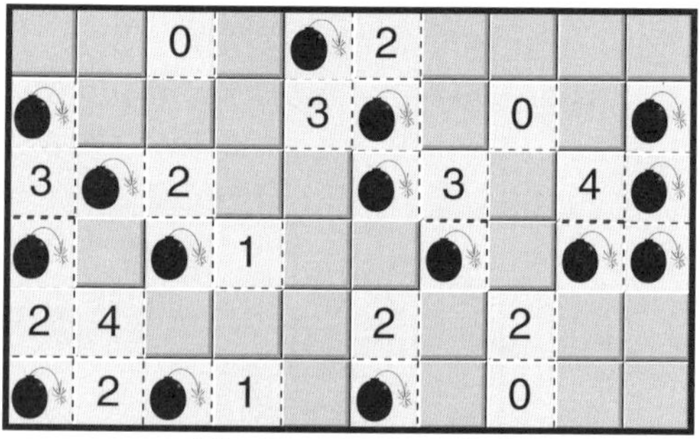

Solution 46

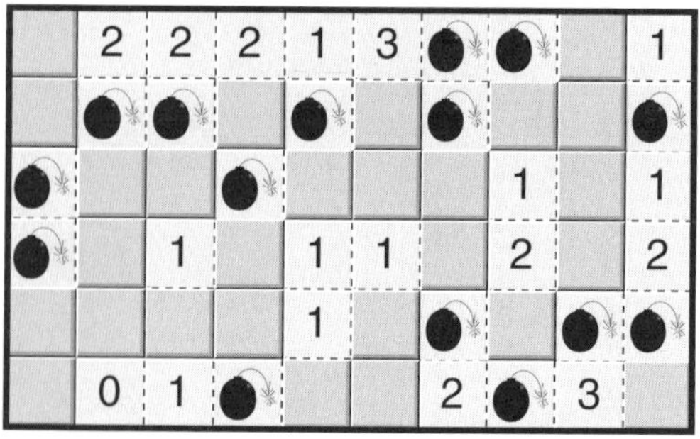

CHAPITRE 7

MINES À GOGO !

Nous avons rassemblé ici des problèmes, de difficulté variable, mais qui ont tous en commun le fait de comporter un très grand nombre de mines. Ceci ne change pas les règles de déduction, mais nécessite en revanche d'observer très précisément les grilles pour trouver les systèmes complets d'indices ou utiliser la symétrie entre les cases !

Il est même possible de résoudre les problèmes en négatif complet. Ainsi, le problème suivant :

	1			
		3	5	
1		3		
		5		4

Retrouvez les 12 mines de cette grille.

se transforme en

	3			
		2	1	
4		2		
		2		1

Retrouvez les 6 mines de cette grille

Voici les solutions respectives.

Ici, le «négatif» d'un problème consiste à remplacer chaque indice *i* par l'indice *c-i* ou *c* est le nombre de cases libres autour de l'indice. Le problème se résout alors directement à l'aide de raisonnements simples.

Cette méthode met le doigt sur quelques possibilités de raisonnements originaux. À vous de les utiliser.

CHAPITRE 7

47

0			1				
		2		4			2
	2	3					4
				5	5		
3	5	5	4				
				4	4		
2	4			2	2		

Retrouvez les 24 mines de cette grille.

48

Retrouvez les 24 mines de cette grille.

2			2		2		1
3		5		3		5	
2			3	4			
				3			
	3			3		2	
		5					2
				3	3	1	
			2				

49

Retrouvez les 24 mines de cette grille.

		3	2	3	2		0
4					1		0
		4		2	2		
		5	3				1
3		5			4	3	
		5					
	1			4			

50

Retrouvez les 24 mines de cette grille.

3		5		5			
	5			2		1	
		5	4	3		2	
		3			3		2
1			4				
					3		
	0			3		1	

51

Retrouvez les 24 mines de cette grille.

1							1
				3	1	1	
	2	3	4				
0				4			
	3				5		3
2			7		5		2
						1	
	4		4				

(solution p.84)

52

Retrouvez les 24 mines de cette grille.

		2	2				0
	2				4		
2		4	4				
				7			1
	2					5	3
	2		3				
	2	3					
1							0

53

Retrouvez les 24 mines de cette grille.

				3			
1			5		4		
2				3			1
1		4		3	2	3	
				2		1	
			4				
4	7			3			
			3				0

54

Retrouvez les 24 mines de cette grille.

1	2					4	2
		3	2				
					4		
2			3		4		2
3			4				2
	4		3		3		
	4					2	
		1			2		1

55

Retrouvez les 30 mines de cette grille.

	2	3					3	
1							3	1
1				4	3	3		
0		1				4		
	1		4					
1						5	3	
	4		3		3	3		
		2						
	2		1				3	2

(solution p.85)

56

Retrouvez les 30 mines de cette grille.

1	2	3			2		2	
				4	3		2	
		4				0	2	
			2			2		
3			4			3		
	5				5			
	7		6			5		
			4					1
		2					1	

57

Retrouvez les 30 mines de cette grille.

		0			2			2
	4							4
		2			3			
3			3	3				
		4			2	3		
2			1	2				2
					2		2	
	5		3	2		1	2	
				2			2	

58

Retrouvez les 30 mines de cette grille.

2	2		2					1
		3	4		7		5	
		3						1
1				5			4	3
1		3		4				
					3		3	
	3			3			2	
			4		3		3	
0					1	1		

59

		2	2		0			
	4					2	2	
3						3	4	3
		4						
			3		3	4		
		3		4			3	
0							2	2
		4		7		4	3	
	1							2

Retrouvez les 30 mines de cette grille.

(solution p.86)

60

Retrouvez les 30 mines de cette grille.

		3						
4		5	2		1	2	3	
		5		3				3
							3	
			3		0			
4		3				3		
				1		2		
4								1
			3			2		

61

Retrouvez les 30 mines de cette grille.

1		2		2				
2			3			4		
	5		4		3			
4			5					
				5	3			
	5				2		3	3
0							3	
			3	2	2	3		
							2	

62

Retrouvez les 30 mines de cette grille.

	4							
	6		4	3	3	3		1
4			3				1	
				3			1	
		2	2				2	
					3			3
	5					1		
3				2		2		
2							1	

Solution 47

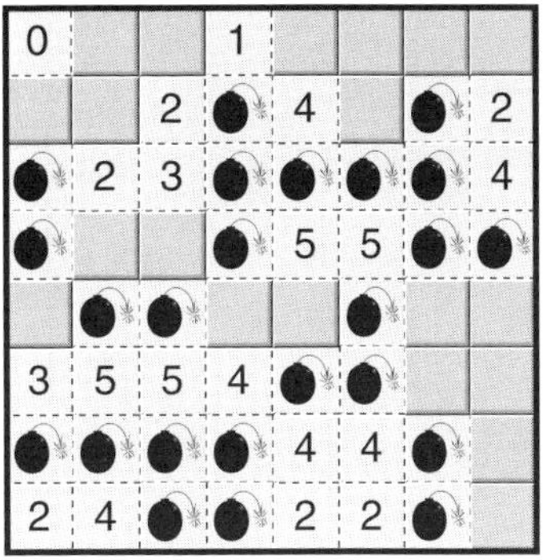

Solution 48

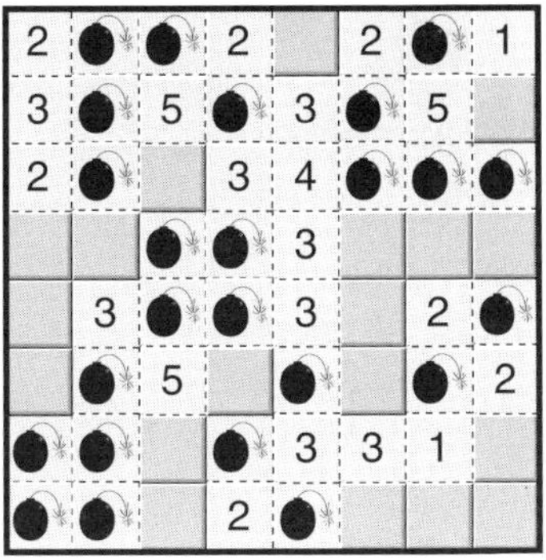

Solution 49

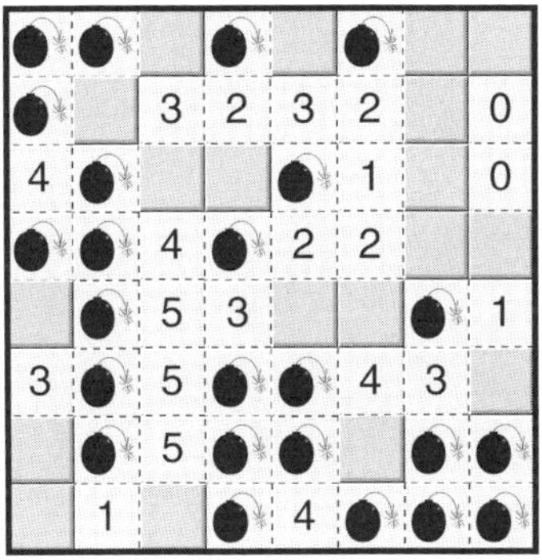

Solution 50

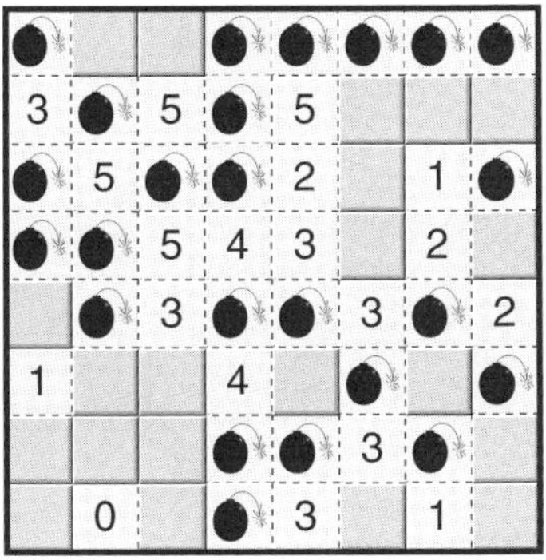

Solution 51

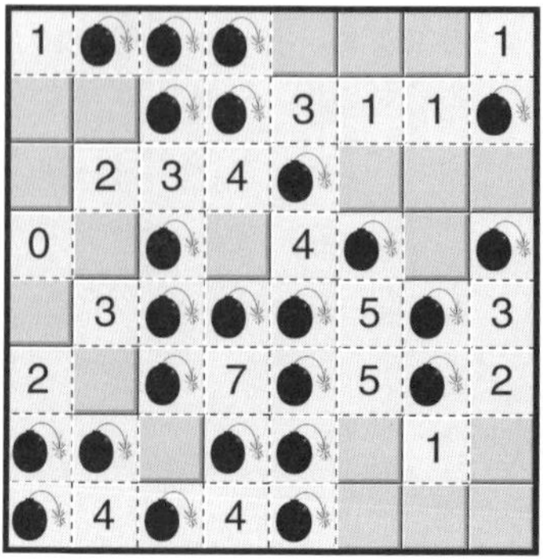

Solution 52

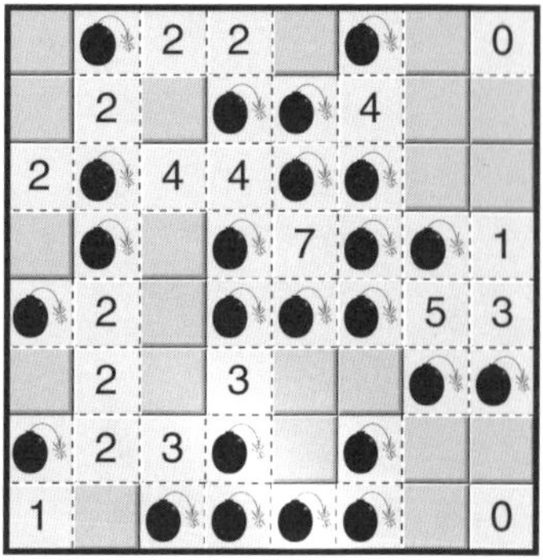

Solution 53

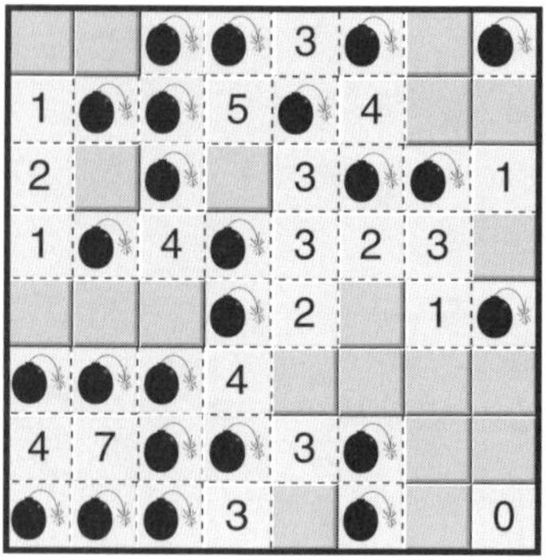

Solution 54

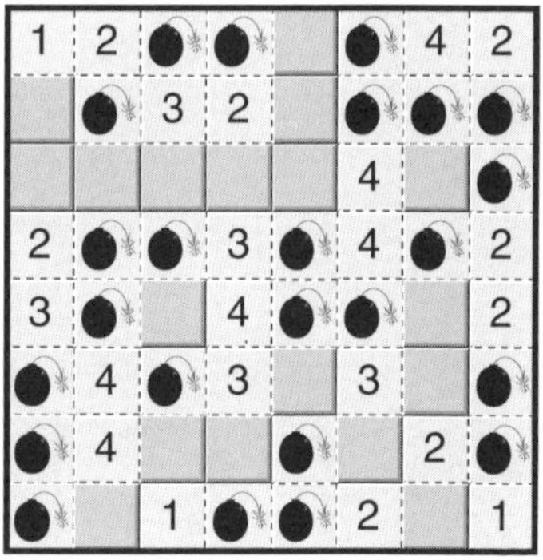

Solution 55

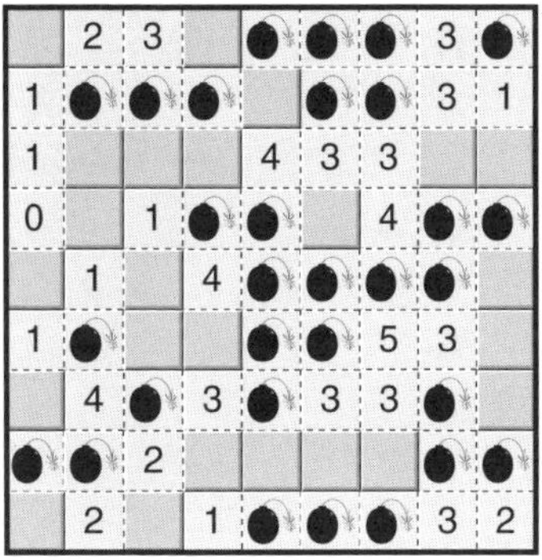

Solution 56

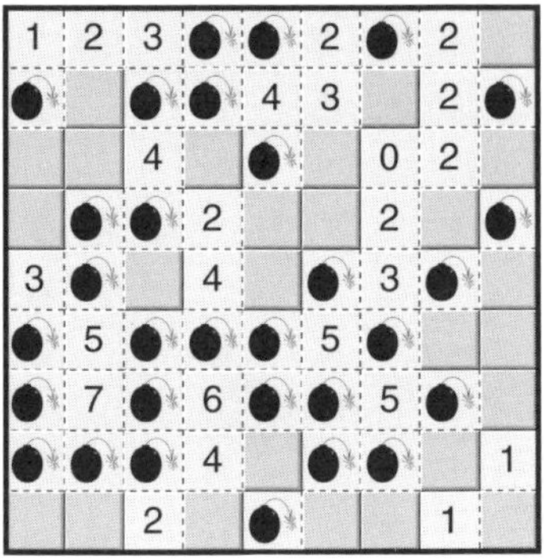

Solution 57

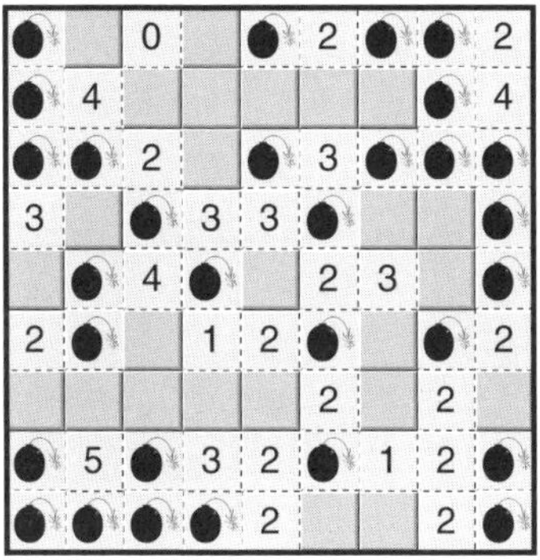

Solution 58

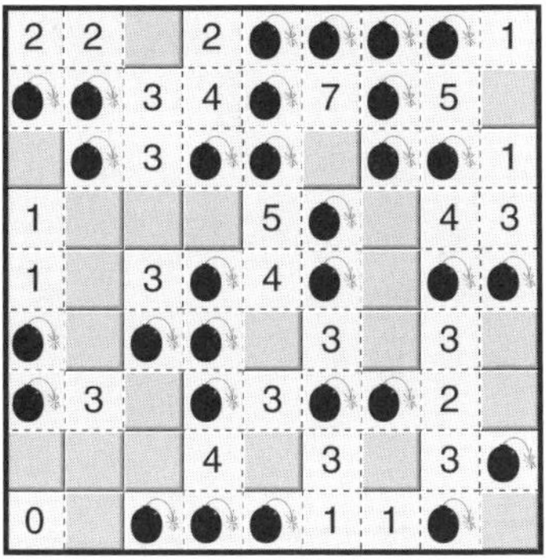

Solution 59

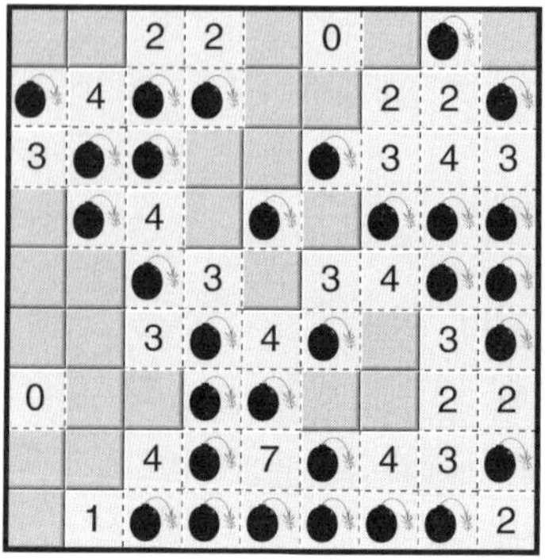

Solution 60

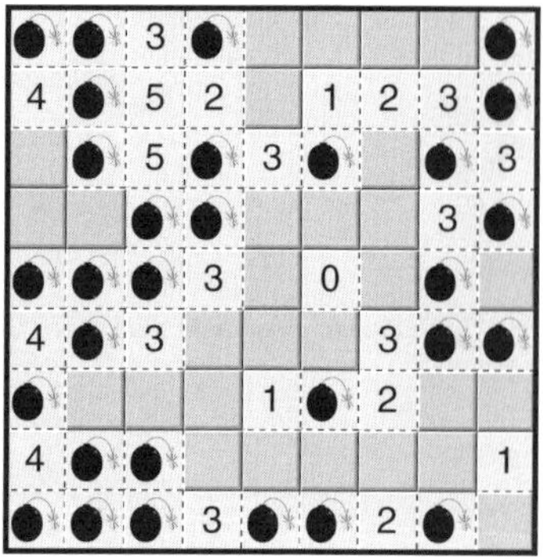

Solution 61

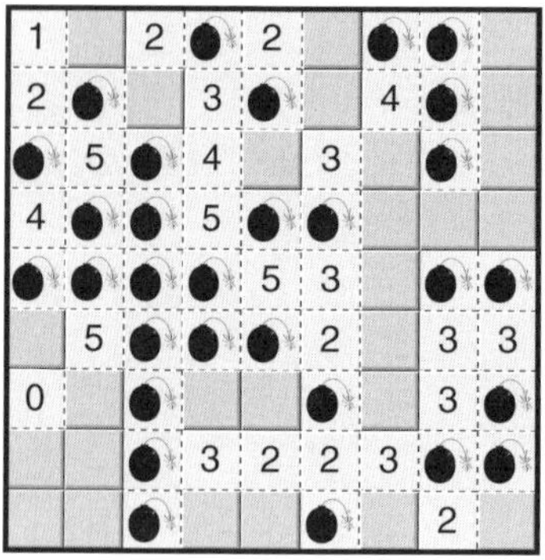

Solution 62

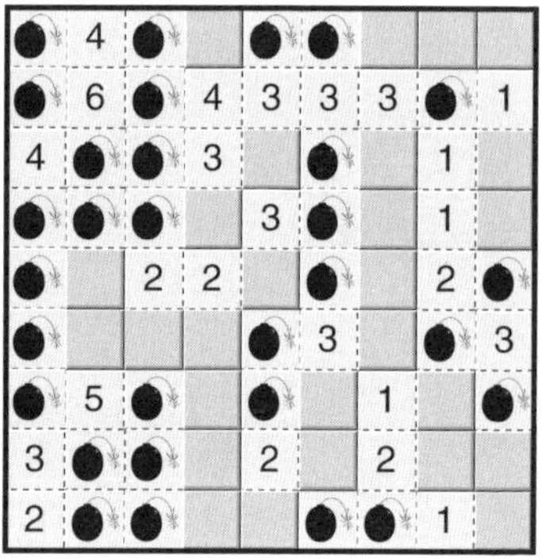

CHAPITRE 8

POUR LES EXPERTS

Vous voici maintenant confronté aux problèmes les plus ardus de ce livre !

En principe, l'entraînement des chapitres précédents devrait vous permettre de les résoudre !

Comme pour les problèmes que vous avez rencontrés, les règles locales vous permettront de placer quelques mines mais pas plus... Pour trouver les mines restantes, il vous faudra appliquer les règles globales (ou faire des essais, même si cela n'est strictement nécéssaire que dans un seul problème) très tôt, ou inventer des généralisations des règles rencontrées jusqu'ici.

Bon courage !

63

Retrouvez les 10 mines de cette grille.

		1		
	3		3	
	3			4
	5	5		

(solution p.95)

64

Retrouvez les 10 mines de cette grille.

	3		4	
	4	3		3
2			3	
		3		

CHAPITRE 8

65

Retrouvez les 13 mines de cette grille.

	3		2		
2		2			3
			3	4	
1	2				
	1			2	2

66

Retrouvez les 13 mines de cette grille.

0				1	
		3	3		
					1
1		3		3	
3					
		3			

67

Retrouvez les 18 mines de cette grille.

2		2				2			
					4				
3			3				1		0
			2						
2		1		2	3		2		0

68

Retrouvez les 18 mines de cette grille.

1	1					3			
		2			2			3	
	4		4	3			1		
				4		2		3	2
	3	4							1

(solution p.96)

CHAPITRE 8

69 Retrouvez les 18 mines de cette grille.

1	2			1			2		
	3	3							2
					3	2			2
3									2
	3	3	3		1		2		

70 Retrouvez les 18 mines de cette grille.

	2	3	4		3		2		
					4				
		5	5		4	2			0
3					3				
2				3		2			0

71

Retrouvez les 15 mines de cette grille.

		0					1		
2					3	2			1
	3				1	1			2
		2					1		
		1		3	3		1	3	
			2						

(solution p.97)

72

Retrouvez les 15 mines de cette grille.

							3		
	2					3			4
1				4			1		
		4		1				3	
			1	1			0		

CHAPITRE 8

73

Retrouvez les 15 mines de cette grille.

	2	2			2	2			1
								3	
	3	1	0	0				1	
			1			2	2	2	
	3			1	2				
1	2			1				2	1

74

Retrouvez les 15 mines de cette grille.

0		2				0			
				3				2	
			4						0
	1	1	2			2			
				3					
1				2		2			0

(solution p.98)

75

Retrouvez les 15 mines de cette grille.

	3		1				1		0
		2			1				
1					2			3	
	0		2	3			4		2
			3			3			2
	0						3		

76

Retrouvez les 15 mines de cette grille.

	0				1			0	
		2		4			0		
						4			
	2		4						1
1		0				4			2
			0		1		1		

Solution 63

Solution 64

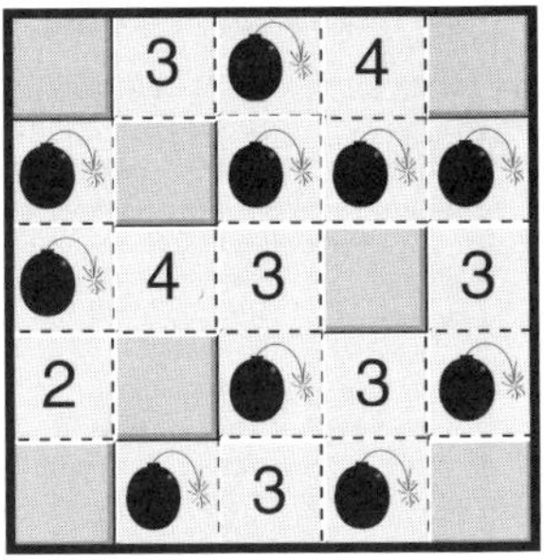

Solution 65

Solution 66

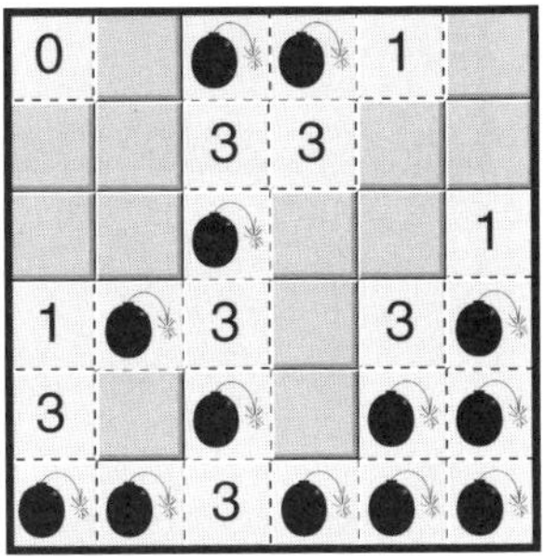

Solution 67

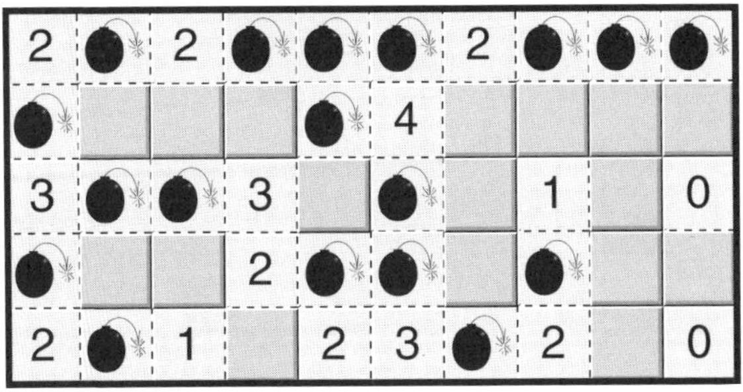

Solution 68

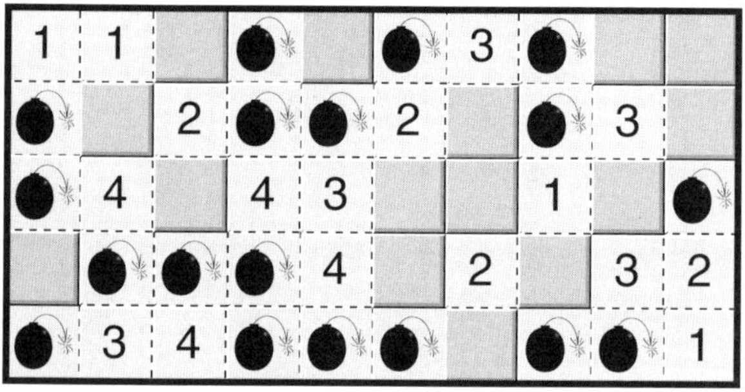

Solution 69

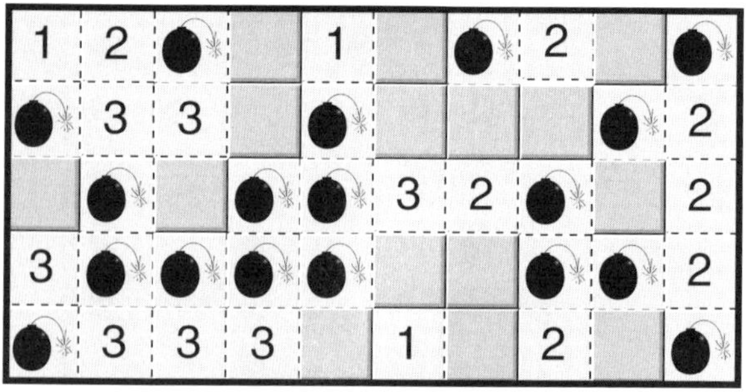

Solution 70

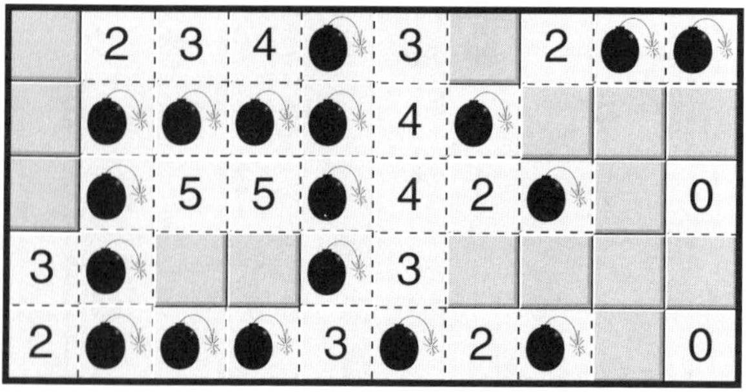

Solution 71

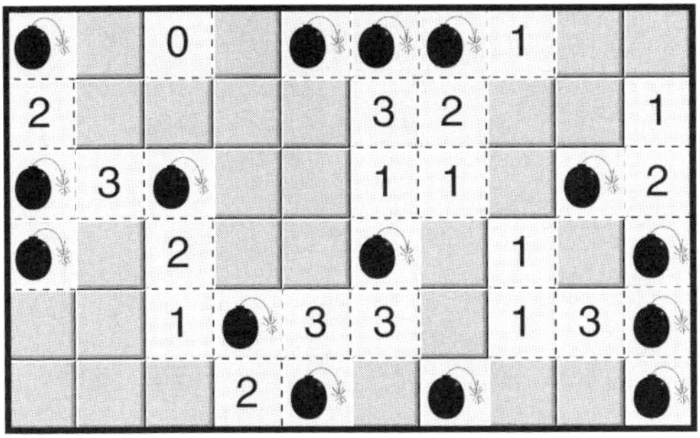

Solution 72

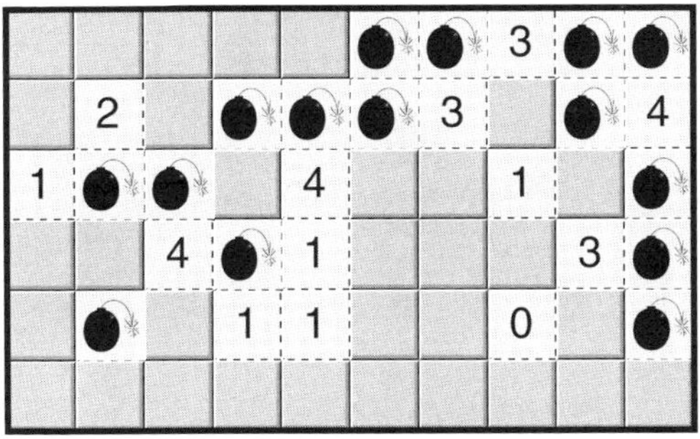

Solution 73

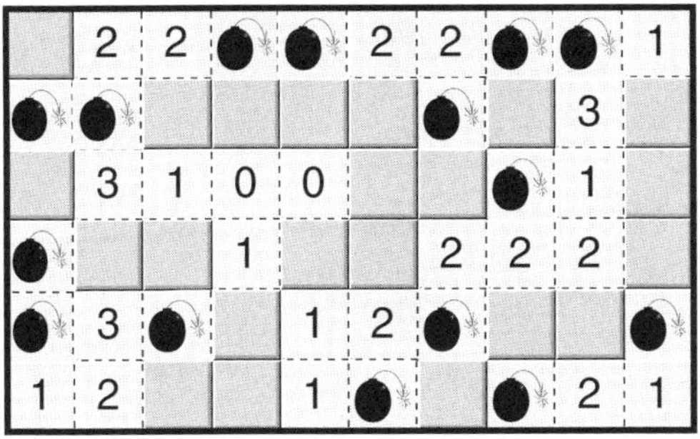

Solution 74

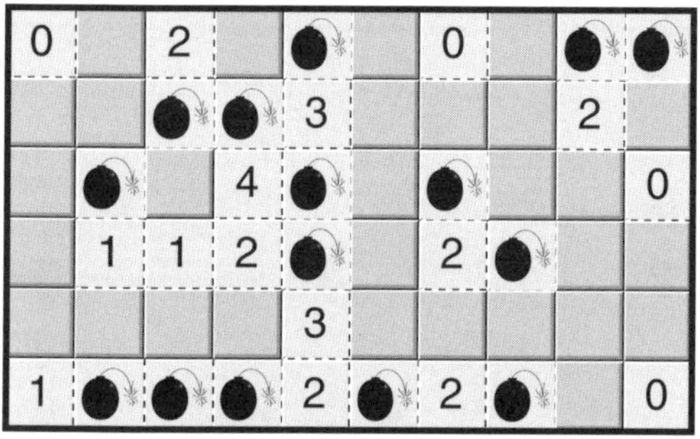

Solution 75

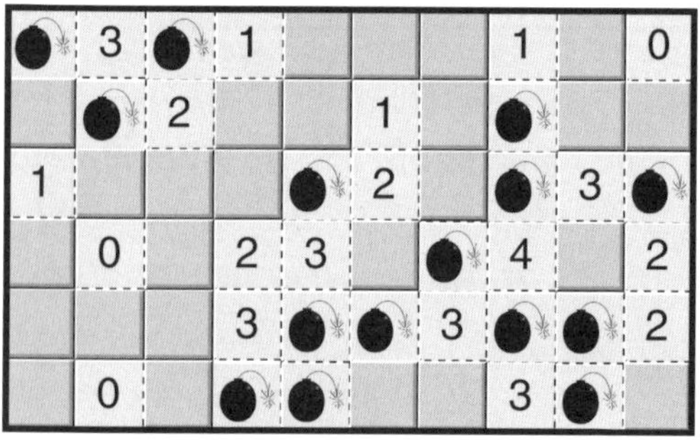

Solution 76

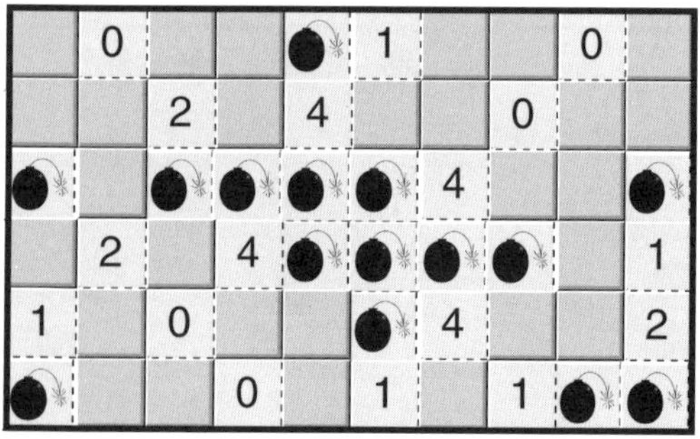

CHAPITRE 9

LA CUEILLETTE DES CHAMPIGNONS

Dans le jeu du démineur classique, chaque case peut contenir soit zéro, soit une mine. Dans cette variante, nous proposons davantage de variété puisque le nombre de champignons dans une case peut prendre trois valeurs : 1, 2 ou 3.

Règle

Dans une clairière, les emplacements des champignons sont repérés par le symbole  *, chacun de ces emplacements pouvant contenir 1, 2 ou 3 champignons.*
Dans les cases carrées, on a indiqué le nombre total de champignons se trouvant autour de ces cases, y compris en diagonale.
À vous de retrouver le nombre de champignons se trouvant dans chaque zone.

Des règles adaptées

Dans cette variante, les indices étant voisins des cases, vous allez retrouver une partie des règles du jeu du démineur que vous allez simplement devoir adapter à la cueillette des champignons.

Voici quelques adaptations de règles :

Règle 1 : Si un indice est égal au nombre de cases qui l'entourent, ces cases contiennent toutes exactement un champignon.

Règle 2 : Si un indice est égal au triple du nombre de cases qui l'entourent, ces cases contiennent toutes exactement 3 champignons.

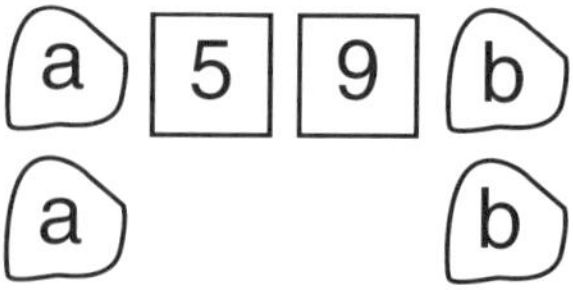

CHAPITRE 9

La règle de la différence possède elle aussi de jolies adaptations, par exemple dans le diagramme suivant :
La différence entre les cases marquée *a* et celles marquées *b* vaut 9–5 = 4.
Les cases *a* totalisent au moins deux champignons, les cases *b* en totalisent au plus six. Comme la différence est de quatre, les cases *a* contiennent chacune un champignon et les *b* en contiennent trois.

Bonne cueillette !

N.B. Les solutions des problèmes suivants sont données en version «condensée» en notant par lignes successives les nombres de champignons de chaque case.

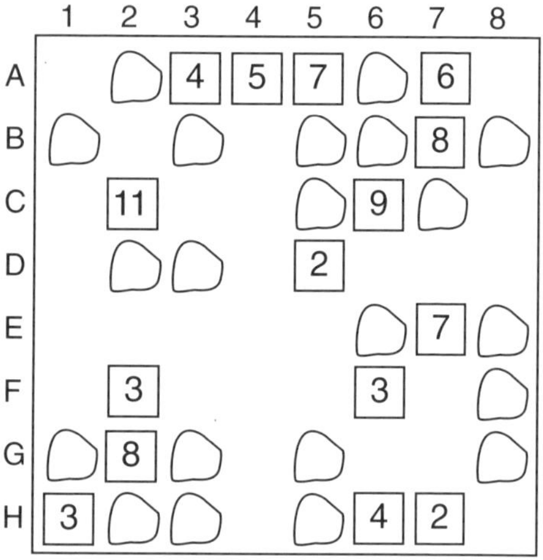

(solution p.108)

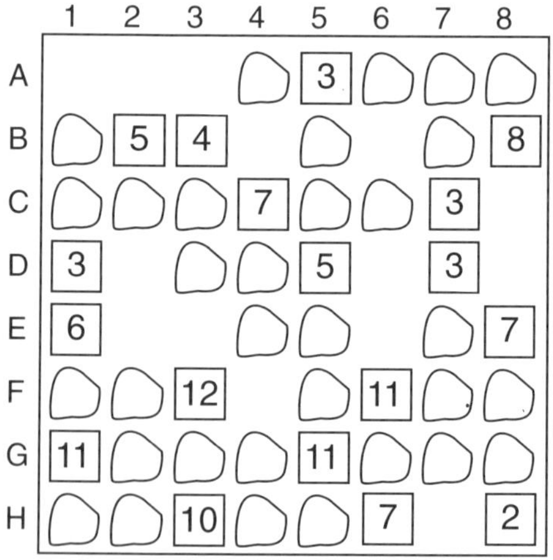

	1	2	3	4	5	6	7	8
A		7	5	5				
B				9		8		8
C	6				4	5		
D	5							4
E			7	3		7		
F					10			4
G		6	7			12		8
H					5			

	1	2	3	4	5	6	7	8
A		7				5		3
B					8			
C	9		14		5	5		
D					3		3	
E							7	
F		6						
G		10				10	10	
H					6			

81

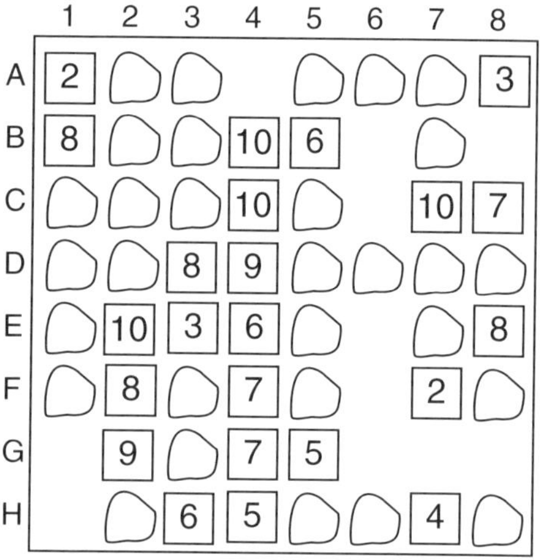
1 2 3 4 5 6 7 8
A 2 3
B 8 10 6
C 10 10 7
D 8 9
E 10 3 6 8
F 8 7 2
G 9 7 5
H 6 5 4

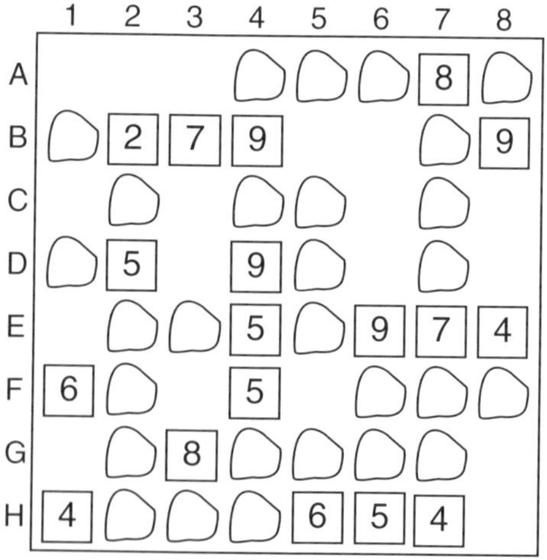
1 2 3 4 5 6 7 8
A 8
B 2 7 9 9
C
D 5 9
E 5 9 7 4
F 6 5
G 8
H 4 6 5 4

82

CHAPITRE 9

	1	2	3	4	5	6	7	8
A	3		5		8			
B			9		12		9	
C	4	9			12		9	3
D								
E		14		7			7	1
F					4			
G	4		7	9		9		
H								5

	1	2	3	4	5	6	7	8
A			3					
B			4				6	2
C			4			5	7	5
D		7	9		8			
E	5					9	14	
F		9			10			
G			6		7		10	
H			4			4		1

	1	2	3	4	5	6	7	8
A	5				8			5
B		12	8					
C				9	12	14		6
D			9				10	4
E		9		9	11			
F					6			
G	4	5	9			5		3
H			3				4	

	1	2	3	4	5	6	7	8
A		5			6		3	2
B								7
C		8		12				
D	4		5			8		
E		2			8			8
F			6		10			
G			8				16	9
H		7						

87

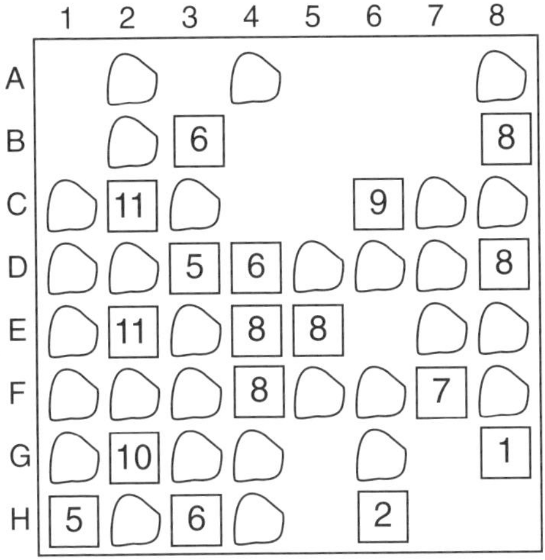
1 2 3 4 5 6 7 8
A
B 6 8
C 11 9
D 5 6 8
E 11 8 8
F 8 7
G 10 1
H 5 6 2

88

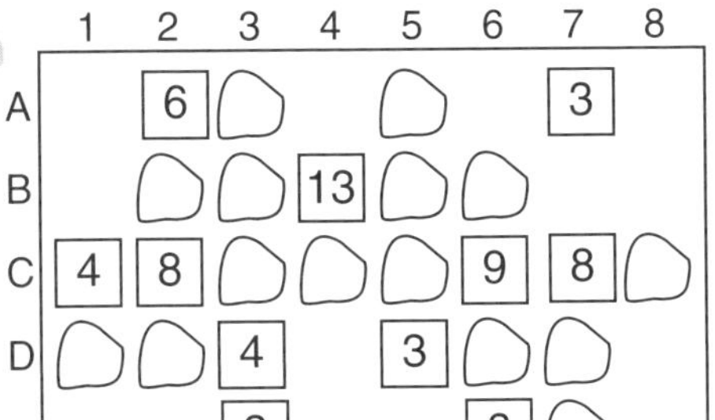
1 2 3 4 5 6 7 8
A 6 3
B 13
C 4 8 9 8
D 4 3
E 3 8
F 6
G 4 8 10
H 3 3

n°77 Champignons en A2 : 2, A6 : 1, B1 : 3, B3 : 2, B5 : 3, B6 : 3, B8 : 2, C5 : 1, C7 : 2, D2 : 3, D3 : 3, E6 : 1, E8 : 3, F8 : 3, G1 : 1, G3 : 2, G5 : 2, G8 : 2, H2 : 2, H3 : 3, H5 : 2
n°78 Champignons en A4 : 1, A6 : 1, A7 : 3, A8 : 3, B1 : 1, B5 : 1, B7 : 2, C1 : 1, C2 : 2, C3 : 1, C5 : 1, C6 : 1, D3 : 3, D4 : 1, E4 : 1, E5 : 1, E7 : 2, F1 : 3, F2 : 3, F5 : 1, F7 : 3, F8 : 2, G2 : 3, G3 : 3, G4 : 2, G6 : 3, G7 : 1, G8 : 1, H1 : 2, H4 : 2, H5 : 3
n°79 Champignons en A5 : 1, A7 : 3, B1 : 2, B2 : 2, B3 : 3, B5 : 1, B7 : 1, C2 : 1, C3 : 2, C4 : 2, C7 : 2, C8 : 2, D2 : 1, D3 : 1, D6 : 1, E1 : 1, E2 : 2, F2 : 1, F4 : 2, F6 : 3, F7 : 3, G1 : 3, G4 : 2, G5 : 3, G7 : 1, H2 : 1, H3 : 1, H7 : 2, H8 : 2
n°80 Champignons en A3 : 2, A4 : 2, A5 : 1, B2 : 3, B3 : 2, B4 : 1, B6 : 2, B7 : 2, B8 : 1, C2 : 3, C4 : 2, C7 : 1, D2 : 3, E1 : 1, E2 : 1, E6 : 1, E8 : 1, F1 : 1, F3 : 1, F5 : 1, F6 : 1, F7 : 1, F8 : 3, G1 : 1, G3 : 1, G5 : 3, G8 : 1, H1 : 3, H2 : 3, H6 : 3, H7 : 1
n°81 Champignons en A2 : 1, A3 : 1, A5 : 1, A6 : 3, A7 : 2, B2 : 1, B3 : 3, B7 : 1, C1 : 3, C2 : 3, C3 : 3, C5 : 2, D1 : 3, D2 : 2, D5 : 2, D6 : 3, D7 : 3, D8 : 3, E1 : 2, E5 : 2, E7 : 1, F1 : 2, F3 : 1, F5 : 1, F8 : 1, G3 : 3, H2 : 3, H5 : 2, H6 : 2, H8 : 2
n°82 Champignons en A4 : 3, A5 : 2, A6 : 2, A8 : 3, B1 : 1, B7 : 3, C2 : 1, C4 : 3, C5 : 1, C7 : 3, D1 : 1, D5 : 2, D7 : 1, E2 : 2, E3 : 1, E5 : 2, F2 : 1, F6 : 3, F7 : 1, F8 : 2, G2 : 3, G4 : 1, G5 : 1, G6 : 3, G7 : 1, H2 : 1, H3 : 1, H4 : 1
n°83 Champignons en A4 : 2, A6 : 2, A7 : 1, A8 : 1, B1 : 3, B4 : 3, B6 : 1, B8 : 2, C3 : 2, C4 : 2, C6 : 2, D2 : 1, D3 : 3, D5 : 1, D6 : 3, D7 : 1, E1 : 3, E3 : 1, E6 : 1, F1 : 2, F2 : 2, F3 : 2, F6 : 2, G5 : 1, G8 : 2, H4 : 3, H5 : 3, H7 : 3
n°84 Champignons en A4 : 2, A6 : 2, A7 : 2, B2 : 1, B5 : 1, B6 : 2, C1 : 2, C4 : 1, D1 : 2, D4 : 2, D7 : 2, D8 : 3, E2 : 3, E4 : 3, E5 : 2, E8 : 3, F3 : 2, F6 : 2, F7 : 3, F8 : 1, G1 : 2, G2 : 2, G6 : 3, H4 : 2, H7 : 1
n°85 Champignons en A2 : 3, A6 : 2, A7 : 1, B1 : 2, B5 : 3, B6 : 3, B7 : 1, B8 : 3, C1 : 2, C2 : 2, C3 : 3, C7 : 2, D1 : 1, D4 : 1, D5 : 2, D6 : 3, E3 : 3, E6 : 3, E8 : 2, F1 : 1, F2 : 3, F3 : 1, F4 : 2, F7 : 1, G4 : 1, H4 : 2, H5 : 2, H6 : 2, H8 : 2
n°86 Champignons en A4 : 3, B2 : 3, B3 : 2, B4 : 2, B6 : 1, B7 : 2, C1 : 2, C3 : 1, C5 : 3, C7 : 3, C8 : 2, D4 : 3, D5 : 1, D7 : 1, D8 : 1, E1 : 2, E4 : 1, F4 : 1, F6 : 2, F7 : 3, F8 : 3, G1 : 3, G2 : 1, G4 : 3, G6 : 3, H3 : 3, H6 : 2, H7 : 3
n°87 Champignons en A2 : 1, A4 : 1, A8 : 3, B2 : 3, C1 : 3, C3 : 1, C7 : 3, C8 : 2, D1 : 2, D2 : 2, D5 : 3, D6 : 2, D7 : 1, E1 : 1, E3 : 2, E7 : 1, E8 : 1, F1 : 1, F2 : 1, F3 : 2, F5 : 1, F6 : 2, F8 : 1, G1 : 3, G3 : 1, G4 : 2, G6 : 2, H2 : 2, H4 : 1
n°88 Champignons en A3 : 2, A5 : 3, B2 : 1, B3 : 3, B5 : 2, B6 : 3, C3 : 1, C4 : 1, C5 : 1, C8 : 2, D1 : 1, D2 : 2, D6 : 1, D7 : 2, E7 : 2, F1 : 1, F4 : 1, F5 : 3, G1 : 3, G7 : 3, G8 : 1, H4 : 3, H5 : 1, H7 : 3

CHAPITRE 10

LA CHASSE AU TRÉSOR

Voici un autre jeu apparenté au jeu du démineur, cette fois-ci concernant des pirates et des trésors enfouis.

Les indices sont placés sur les bords au lieu d'être contigus aux cases libres.

Règle

Un vieux pirate a enterré sur la plage des coffres contenant des pièces d'or. Chaque coffre contient 0, 1, 2 ou 3 pièces d'or. Il nous a laissé la carte sur laquelle sont indiqués les emplacements des coffres.

Grâce à une «poële à frire», on a déterminé le nombre de pièces se trouvant dans chaque rangée.

À vous de retrouver la composition des coffres !

Éléments de stratégie

Pour démarrer, vous pouvez observer les rangées qui ne contiennent qu'une case. En effet, la valeur de l'indice donne directement le nombre de pièces situées dans cette case.
Ensuite, regardez les rangées des indices égaux à zéro, vous connaîtrez un certain nombre de coffres vides !
Dans le même esprit, observez les rangées dans lesquelles l'indice est égal au triple du nombre de coffres : leurs coffres contiennent tous 3 pièces.
Lorsque vous aurez résolu une partie de la grille grâce aux remarques précédentes, il vous restera à appliquer le grand principe du jeu : le *minimax*.

Si, pour un coffre donné, la valeur minimale du nombre de pièces (trouvée en observant l' indice de la ligne) est égal à la valeur maximale du nombre de pièces (trouvée en observant l'indice de la colonne), alors cette valeur commune est égale au nombre de pièces contenues dans ce coffre.

Pour pouvoir appliquer cette règle, il faut, bien sur, pouvoir trouver la valeur minimale (ou maximale) du nombre de pièces d'un coffre.
Les rangées presque pleines et presque vides vont nous y aider :

- Si un indice est égal à 1, les coffres de la rangée correspondante ne contiennent qu'une pièce au plus.
- Si un indice est égal à 2, les coffres de la rangée correspondante contiennent 2 pièces au plus.

Ces deux remarques permettent de trouver les valeurs maximales du nombre de pièces des coffres d'une rangée ; il nous faut maintenant la règle donnant les valeurs minimales. Il nous suffit d'établir ces mêmes règles «en négatif» c'est à dire remplacer les «3» par des «0» et les «2» par les «1».

On obtient les règles applicables aux rangées presque pleines :

- Si une rangée contient n coffres et si l'indice de la rangée vaut 3n-1 alors les coffres de la rangée contiennent tous 2 ou 3 pièces.
- Si une rangée contient n coffres et si l'indice de la rangée vaut 3n-2 alors la rangée ne contient pas de coffre vide.

À vous de jouer !

N.B. *Les solutions des problèmes suivants sont données en version «condensée» en notant par lignes successives les nombres de champignons de chaque case.*

89

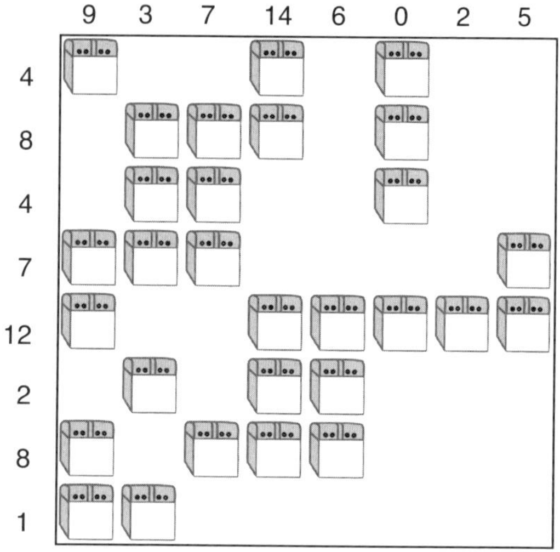

(solution p.119)

90

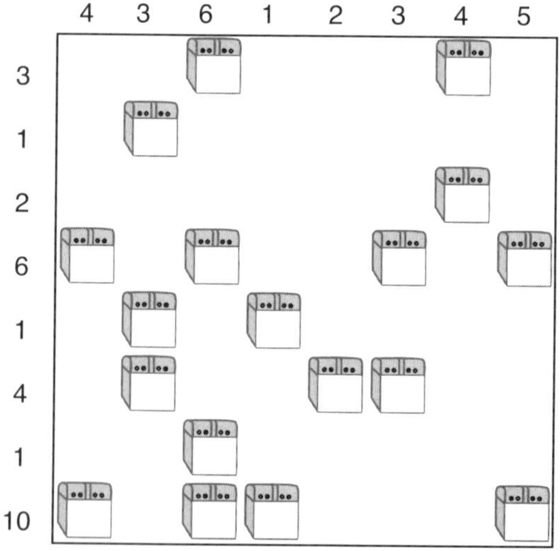

CHAPITRE 10

91

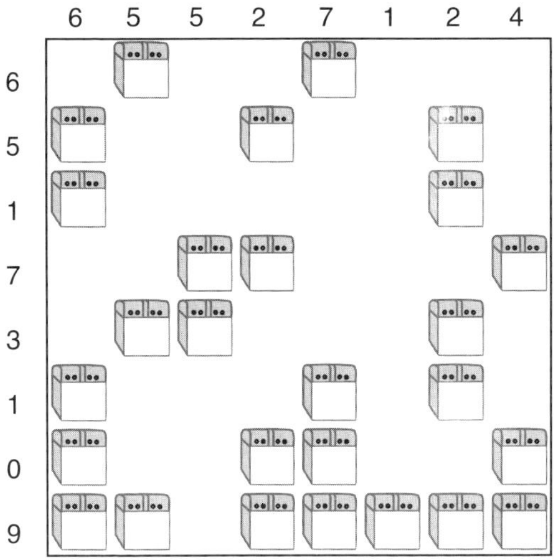

92

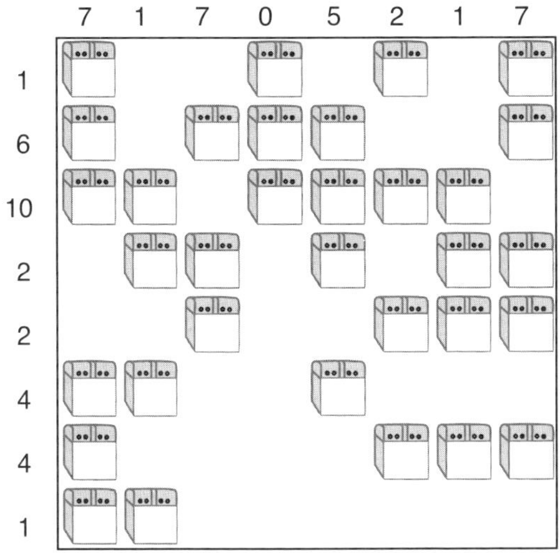

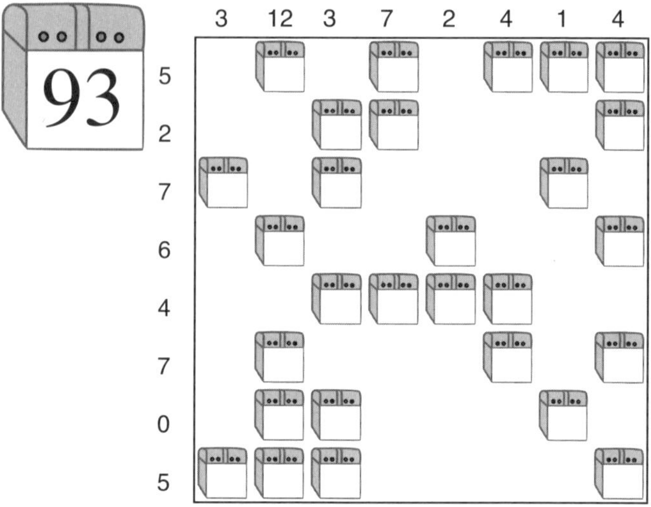
93
3 12 3 7 2 4 1 4
5
2
7
6
4
7
0
5

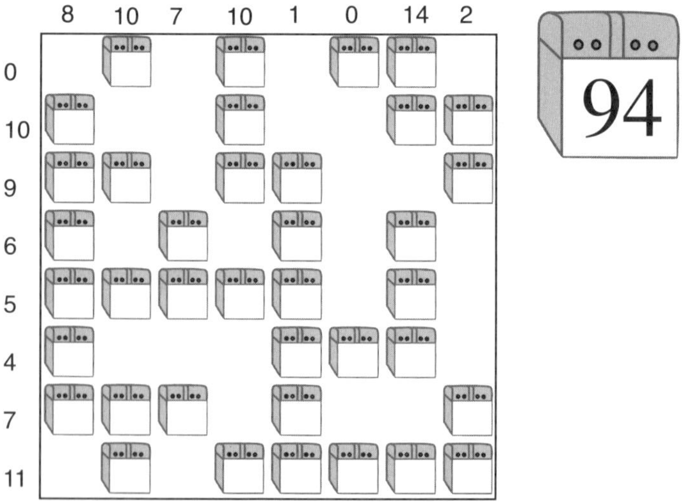
8 10 7 10 1 0 14 2
0
10
9
6
5
4
7
11
94

CHAPITRE 10

95

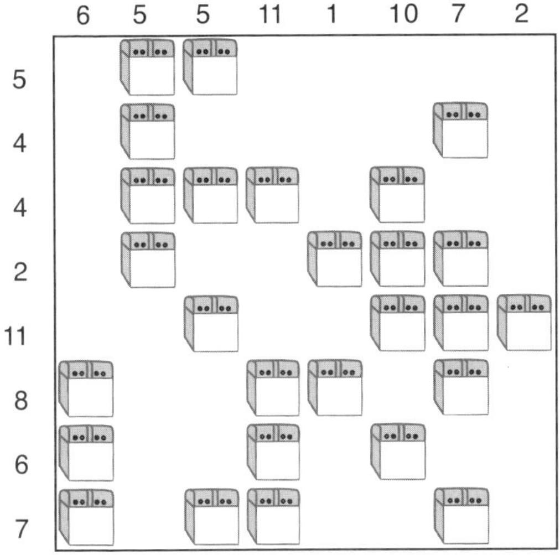

96

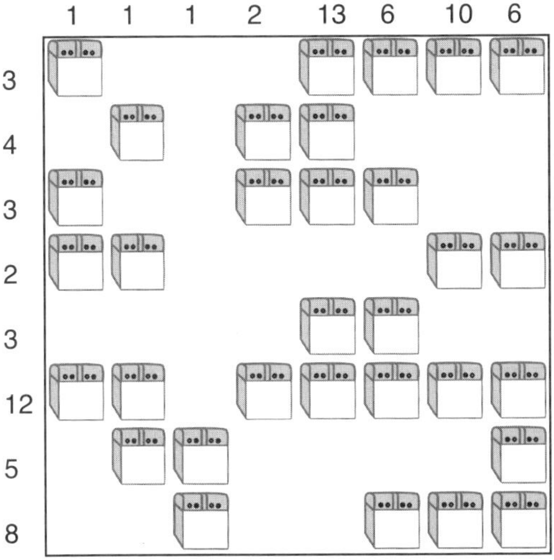

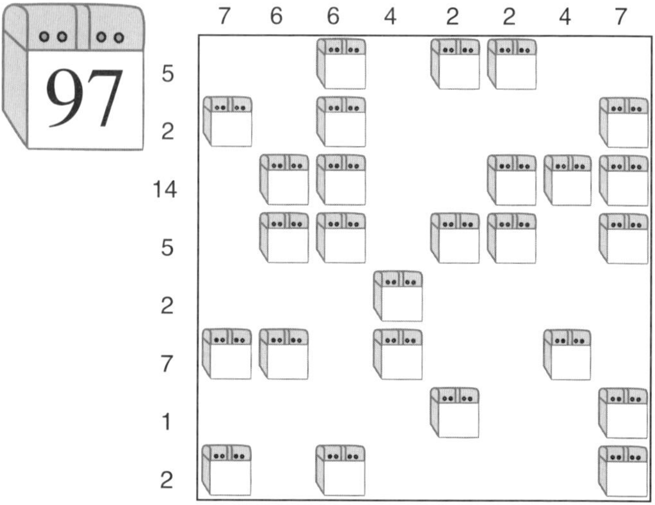

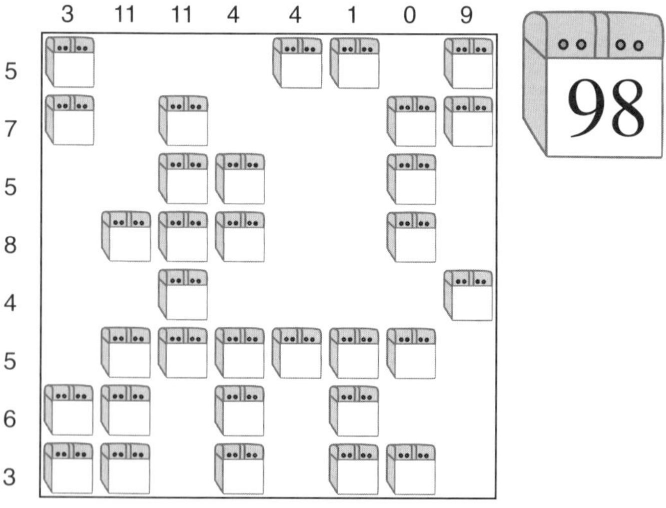

(solution p.120)

CHAPITRE 10

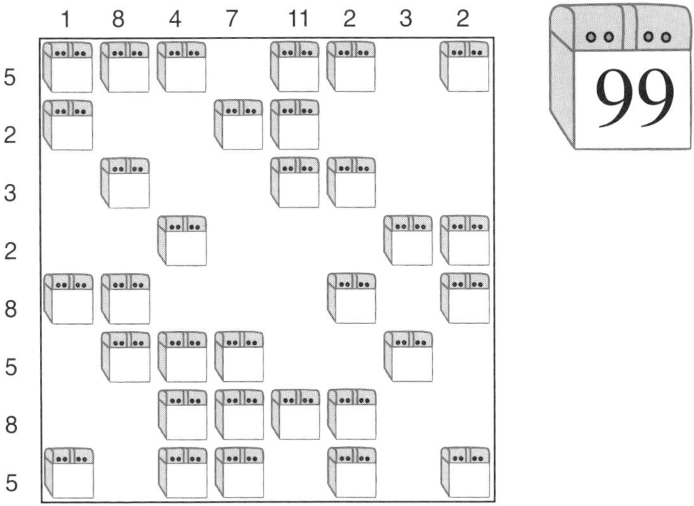

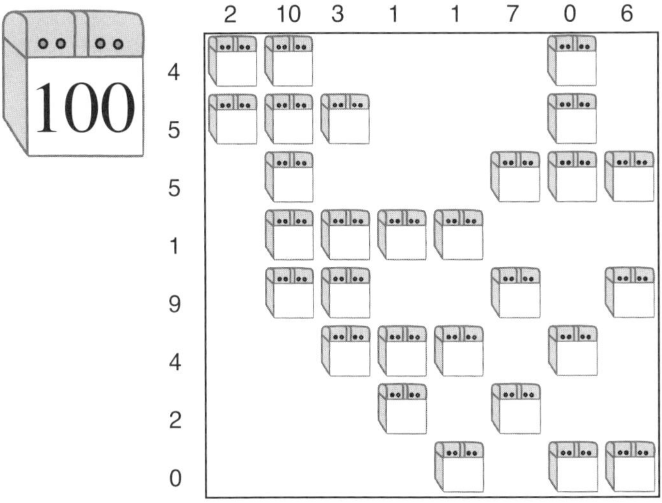

101

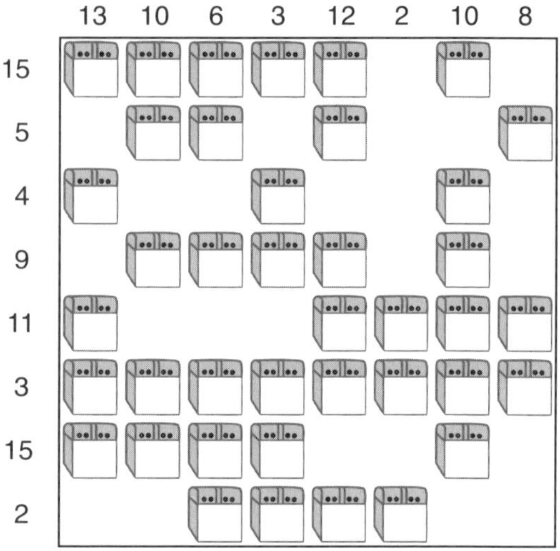

102

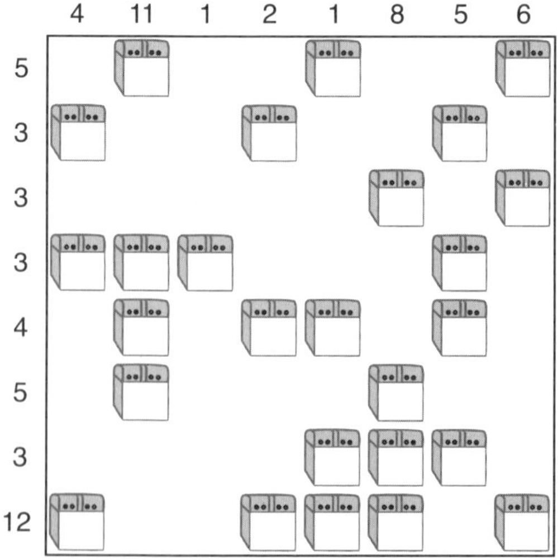

N°89 Pièces en A1 : 1, A4 : 3, A6 : 0, B2 : 2, B3 : 3, B4 : 3, B6 : 0, C2 : 1, C3 : 3, C6 : 0, D1 : 3, D2 : 0, D3 : 1, D8 : 3, E1 : 2, E4 : 3, E5 : 3, E6 : 0, E7 : 2, E8 : 2, F2 : 0, F4 : 2, F5 : 0, G1 : 2, G3 : 0, G4 : 3, G5 : 3, H1 : 1, H2 : 0

N°90 Pièces en A3 : 1, A7 : 2, B2 : 1, C7 : 2, D1 : 1, D3 : 1, D6 : 2, D8 : 2, E2 : 1, E4 : 0, F2 : 1, F5 : 2, F6 : 1, G3 :1, H1 : 3, H3 : 3, H4 : 1, H8 : 3

N°91 Pièces en A2 : 2, A5 : 3, B1 : 3, B4 : 1, B7 : 2, C1 : 1, C7 : 0, D3 : 3, D4 : 1, D8 : 3, E2 : 1, E3 : 2, E7 : 0, F1 : 0, F5 : 1, F7 : 0, G1 : 0, G4 : 0, G5 : 0, G8 : 0, H1 : 2, H2 : 2, H4 : 0, H5 : 3, H6 : 1, H7 : 0, H8 : 1

N°92 Pièces en A1 : 0, A4 : 0, A6 : 0, A8 : 1, B1 : 0, B3 : 3, B4 : 0, B5 : 0, B8 : 3, C1 : 3, C2 : 1, C4 : 0, C5 : 3, C6 : 2, C7 : 1, D2 : 0, D3 : 2, D5 : 0, D7 : 0, D8 : 0, E3 : 2, E6 : 0, E7 : 0, E8 : 0, F1 : 2, F2 : 0, F5 : 2, G1 : 1, G6 : 0, G7 : 0, G8 : 3, H1 : 1, H2 : 0

N°93 Pièces en A2 : 3, A4 : 2, A6 : 0, A7 : 0, A8 : 0, B3 : 0, B4 : 2, B8 : 0, C1 : 3, C3 : 3, C7 : 1, D2 : 3, D5 : 2, D8 : 1, E3 : 0, E4 : 3, E5 : 0, E6 : 1, F2 : 3, F6 : 3, F8 : 1, G2 : 0, G3 : 0, G7 : 0, H1 : 0, H2 : 3, H3 : 0, H8 : 2

N°94 Pièces en A2 : 0, A4 : 0, A6 : 0, A7 : 0, B1 : 3, B4 : 3, B7 : 3, B8 : 1, C1 : 3, C2 : 3, C4 : 3, C5 : 0, C8 : 0, D1 : 0, D3 : 3, D5 : 0, D7 : 3, E1 : 0, E2 : 1, E3 : 1, E4 : 1, E5 : 0, E7 : 2, F1 : 1, F5 : 0, F6 : 0, F7 : 3, G1 : 1, G2 : 3, G3 : 3, G5 : 0, G8 : 0, H2 : 3, H4 : 3, H5 : 1, H6 : 0, H7 : 3, H8 : 1

N°95 Pièces en A2 : 3, A3 : 2, B2 : 2, B7 : 2, C2 : 0, C3 : 0, C4 : 2, C6 : 2, D2 : 0, D5 : 0, D6 : 2, D7 : 0, E3 : 3, E6 : 3, E7 : 3, E8 : 2, F1 : 3, F4 : 3, F5 : 1, F7 : 1, G1 : 0, G4 : 3, G6 : 3, H1 : 3, H3 : 0, H4 : 3, H7 : 1

SOLUTIONS DU CHAPITRE 10

N°96 Pièces en A1 : 0, A5 : 1, A6 : 0, A7 : 2, A8 : 0, B2 : 0, B4 : 1, B5 : 3, C1 : 0, C4 : 0, C5 : 3, C6 : 0, D2 : 0, D7 : 2, D8 : 0, E5 : 3, E6 : 0, F1 : 1, F2 : 0, F4 : 1, F5 : 3, F6 : 3, F7 : 3, F8 : 1, G2 : 1, G3 : 1, G8 : 3, H3 : 0, H6 : 3, H7 : 3, H8 : 2

N°97 Pièces en A3 : 3, A5 : 2, A6 : 0, B1 : 2, B3 : 0, B8 : 0, C2 : 3, C3 : 3, C6 : 2, C7 : 3, C8 : 3, D2 : 2, D3 : 0, D5 : 0, D6 : 0, D8 : 3, E4 : 2, F1 : 3, F2 : 1, F4 : 2, F7 : 1, G5 : 0, G8 : 1, H1 : 2, H3 : 0, H8 : 0

N°98 Pièces en A1 : 0, A5 : 2, A6 : 0, A8 : 3, B1 : 1, B3 : 3, B7 : 0, B8: 3, C3 : 3, C4 : 2, C7 : 0, D2 : 3, D3 : 3, D4 : 2, D7 : 0, E3 : 1, E8 : 3, F2 : 2, F3 : 1, F4 : 0, F5 : 2, F6 : 0, F7 : 0, G1 : 2, G2 : 3, G4 : 0, G6 : 1, H1 : 0, H2 : 3, H4 : 0,H6 : 0, H7 : 0

N°99 Pièces en A1 : 0, A2 : 2, A3 : 0, A5 : 3, A6 : 0, A8 : 0, B1 : 0, B4 : 0, B5 : 2, C2 : 0, C5 : 3, C6 : 0, D3 : 0, D7 : 2,D8 : 0, E1 : 1, E2 : 3, E6 : 2, E8 : 2, F2 : 3, F3 : 0, F4 : 1, F7 : 1, G3 : 2, G4 : 3, G5 : 3, G6 : 0, H1 : 0, H3 : 2, H4 : 3, H6 : 0, H8 : 0

N°100 Pièces en A1 : 1, A2 : 3, A7 : 0, B1 : 1, B2 : 3, B3 : 1, B7 : 0, C2 : 0, C6 : 2, C7 : 0, C8 : 3, D2 : 1, D3 : 0, D4 : 0, D5 : 0, E2 : 3, E3 : 0, E6 : 3, E8 : 3, F3 : 2, F4 : 1, F5 : 1, F7 : 0, G4 : 0, G6 : 2, H5 : 0, H7 : 0, H8 : 0

N°101 Pièces en A1 : 3, A2 : 3, A3 : 3, A4 : 0, A5 : 3, A7 : 3, B2 : 1, B3 : 0, B5 : 1, B8 : 3, C1 : 3, C4 : 0, C7 : 1, D2 : 3, D3 : 0, D4 : 0, D5 : 3, D7 : 3, E1 : 3, E5 : 3, E6 : 2, E7 : 0E8 : 3, F1 : 1, F2 : 0, F3 : 0, F4 : 0, F5 : 0, F6 : 0, F7 : 0,F8 : 2, G1 : 3, G2 : 3, G3 : 3, G4 : 3, G7 : 3, H3 : 0, H4 : 0, H5 : 2, H6 : 0

N°102 Pièces en A2 : 3, A5 : 0, A8 : 2, B1 : 1, B4 : 0, B7 : 2, C6 : 2, C8 : 1, D1 : 0, D2 : 2, D3 : 1, D7 : 0, E2 : 3, E4 : 0, E5 : 0, E7 : 1, F2 : 3, F6 : 2, G5 : 0, G6 : 1, G7 : 2, H1 : 3,H4 : 2, H5 : 1, H6 : 3, H8 : 3